CHEMNITZ DIE STADT

Kunstsammlungen Chemnitz
Chemnitzer Wirtschaftsförderungs- und
Entwicklungsgesellschaft mbH (CWE)

HERAUSGEBER

Ingrid Mössinger
Bernd Lange

FOTOGRAFEN

Lysann Buschbeck
Ulrich Gebert
Thomas Groth
Carsten Humme
Paul Kramer
Michael Moser
Timm Rautert
Adrian Sauer
Alexander Schmidt
Mirko Zander

AUTOREN

Michael Hierholzer
Timm Rautert
Roland Enke

CHEMNITZ DIE STADT

EDITION LEIPZIG

IMPRESSUM

Bibliografische Information Der Deutschen Bibliothek
Die Deutsche Bibliothek verzeichnet diese Publikation in der Deutschen Nationalbibliografie; detaillierte bibliografische Daten sind im Internet über http://dnb.ddb.de abrufbar.
ISBN 3-361-00518-3

Herausgeber: Ingrid Mössinger, Kunstsammlungen Chemnitz
Bernd Lange, Chemnitzer Wirtschaftsförderungs- und Entwicklungsgesellschaft mbH (CWE)

Redaktion: Florian Ebner, Alexander Schmidt, Paul Kramer

1. Auflage April 2003

Gesamtgestaltung: Till Gathmann
Reproduktionen: Förster & Borries GmbH, Zwickau
Druck und Binden: Westermann Druck Zwickau GmbH
Printed in Germany

Gedruckt auf alterungsbeständigem Papier mit chlorfrei gebleichtem Zellstoff.

Die Schreibweise folgt den Regeln der neuen Rechtschreibung.

INHALT

VORWORT

Chemnitz ist die drittgrößte Stadt in den neuen Bundesländern. Zu ihren Hauptattraktionen gehört eines der ausgedehntesten, heute noch geschlossen erhaltenen Gründerjahre- und Jugendstilviertel Europas. Dieses erinnert an eine Epoche der Stadt mit erfolgreichen Unternehmen und kultureller Blüte. Chemnitz knüpft mit der zeitgenössischen Architektur an diese große Vergangenheit an, ohne viel Aufhebens davon zu machen. Die Innovations- und Tatkraft, die traditionell ein herausragendes Merkmal der Wirtschaft, der Bürger und ihrer Stadt war, findet in der Dynamik des Strukturwandels der letzten Dekade ihre beeindruckende, überraschende, heimliche, von vielen unbemerkte, erfolgreiche Wiedergeburt.

Chemnitz bietet dem Besucher in diesem Sinne viele Überraschungen, die es zu entdecken lohnt. Wir hoffen, dass die Herausgabe dieses Fotobandes bei Entdeckungen hilft und zu einem unvoreingenommenen Blick auf die Stadt beiträgt.

An die Gründung von Chemnitz im 12. Jahrhundert bis zum Beginn der industriellen Revolution im 18. Jahrhundert erinnern immerhin noch: das Rathaus, der Rote Turm, Kirchen und der historische Stadtkern um die Schlosskirche mit mehreren Fachwerkhäusern. Mittelalterliches findet man darüber hinaus im reizvollen Mittelgebirgsumland (Erzgebirge) mit einer geschichtsträchtigen Burgen- und Schlösserlandschaft unmittelbar vor den Toren der Stadt.

Eine umfassende, nachhaltige Prägung erfährt Chemnitz durch die Wirtschafts- und Architekturgeschichte vom 19. bis ins 21. Jahrhundert. Vom Aufstieg der Stadt mit kaum 10 000 Einwohnern um 1800 zu einer Wirtschaftsmetropole von 360 000 Einwohnern um 1930 als einem Zentrum der deutschen Textilindustrie, des Maschinen- und Fahrzeugbaus künden heute noch viele Bauten. Die Erfolgsgeschichte der Chemnitzer Wirtschaft wird durch herausragende Pionierunternehmer wie Esche in der Textilindustrie, Hartmann im Maschinenbau sowie die Gründerväter Horch und Wanderer für die Auto-Union (AUDI) und viele andere geschrieben.

Innovationen erzeugten die Dynamik und Prosperität der wirtschaftlichen Entwicklung, den Aufschwung der modernen städtischen Expansion und die Entfaltung der Künste und Wissenschaften.
Wohnungs- und Fabrikbauten der Gründerzeit, Jugendstilvillen, öffentliche und private Gebäude der Bauhausepoche sind überall augenfällig. Die erfolgreichen Chemnitzer Unternehmer errichteten zu Beginn des 20. Jahrhunderts ein Kulturensemble mit Opernhaus und einem repräsentativen Museumsbau, in dem sich heute die Kunstsammlungen Chemnitz befinden. Sie traten als Mäzene und Förderer der Künste, öffentlicher Einrichtungen und Parks und einer Technischen Universität hervor. Villen, eigene Fabrik- und Bürobauten manifestieren sich im Stil des Klassizismus, der Gründerzeit, des Jugendstils und des Bauhausstils. Auf engstem Raum bietet Chemnitz heute wie kaum eine andere deutsche Großstadt eine abwechslungsreiche Entdeckungsreise durch historische und moderne Architekturstile und besitzt mit den Kunstsammlungen Chemnitz eine der weltweit umfangreichsten Sammlungen von Karl Schmidt-Rottluff.
Die weitläufige Anlage der Innenstadt und der Stadtviertel mit ausgedehnten Grünflächen und Parks und den lebenswerten Stilbauten prägen trotz sozialistischer Plattenbauarchitekturen nach wie vor das Stadtbild. Brüche sind zwar sichtbar, erzeugen jedoch eine besondere Spannung. Durch Zerstörungen im Zweiten Weltkrieg entstandene Freiräume boten nach der Wende 1989 genug Platz für eine postmoderne Innenstadtbebauung und eine neue Stadtentwicklung. So entstand und entsteht immer noch eine moderne Innenstadt mit funktionalen Bauten für Handels- und Bürohäuser durch weltbekannte Architekten wie Helmut Jahn, Hans Kollhoff und andere.
Mit Volkswagen, RWE, Siemens und IBM investierten Weltkonzerne in moderne Wirtschaftsbauten, aber auch zahlreiche mittelständische Unternehmen schufen moderne Produktionsstätten. Zusammen legten sie den Grundstein für eine der dynamischsten Wirtschaftsregionen in Mitteldeutschland. Die Sektoren Fahrzeug- und Maschinenbau sowie industrieorientierte Dienstleistungen präsentieren heute den erfolgreichen Wirtschafts- und Technologiestandort Chemnitz. Zeitgenössische Innenstadtarchitektur, eine lebendige Kunst-, Musik- und Theaterszene, ein attraktives Wohn- und Freizeitumfeld prägen die Lebensqualität des neuen Chemnitz: modern, hell, weitläufig, freundlich, grün und immer überraschend.
An der Entstehung des Buches beteiligten sich neun junge Fotografen, die an der Hochschule für Grafik und Buchkunst in Leipzig bei Prof. Timm Rautert studieren. Timm Rautert, ein seit Jahren international angesehener Fotokünstler, hat nicht nur ebenfalls fotografiert, sondern darüber hinaus das Buchprojekt zusammen mit seinem Assistenten Florian Ebner konzeptionell betreut. Alle Fotografen hielten sich in wechselnden Konstellationen monatelang in Chemnitz auf. Aus hunderten von Bildern mussten Aufnahmen ausgewählt werden, die jetzt ein Buch ergeben, das bisher nie gesehene Ansichten von Chemnitz zeigt. Das Ergebnis ist ein gelungener Bildband, in dem ausschließlich neue Chemnitz-Bilder von insgesamt zehn Fotografen in ihrer individuellen Bildsprache und mit ihren besonderen Vorlieben zu sehen sind.
Prof. Timm Rautert, Florian Ebner und den beteiligten Fotografen danken wir ganz herzlich. Zu tiefem Dank verpflichtet sind wir den Autoren des Buches, Michael Hierholzer, Frankfurt am Main, Timm Rautert, Leipzig, und Roland Enke, Berlin, für die außergewöhnlichen und fundierten Textbeiträge. Für die nicht einfache Arbeit, aus den zahlreichen Fotografien und Texten ein schlüssiges Buch zu gestalten, danken wir besonders dem Grafiker Till Gathmann von der Hochschule für Grafik und Buchkunst Leipzig.
Dank gilt auch dem Verlag Edition Leipzig und hier besonders Christina Müller für die verlegerische Betreuung des Buches. Die Finanzierung des Buches »Chemnitz – Die Stadt« wurde durch die Chemnitzer Wirtschaftsförderungs- und Entwicklungsgesellschaft mbH (CWE) ermöglicht.

Ingrid Mössinger, Direktorin Kunstsammlungen Chemnitz
Bernd Lange, Geschäftsführer Chemnitzer Wirtschaftsförderungs- und Entwicklungsgesellschaft mbH (CWE)

VIII CHEMNITZ UND DIE TRADITION DER MODERNE

Der Raum. Das Licht. Die Stadt.
Der Chemnitzer Ist-Zustand: Offenheit. Sich verlierende Leuchtspuren. Wenig Zierrat, kaum Verstellung, die Stadt – eine ehrliche Haut.
Ein paar historische Bezugspunkte für das Chemnitz von morgen: Expressionismus, das Neue Bauen, die Bürgerkultur.
Großzügigkeit prägt das Bild. Breite Straßenzüge. Nirgends mittelalterliche Enge. Verwinkelte Gassen sucht man vergebens. Freiflächen finden sich überall. Manchen befällt angesichts solcher Freiheit und Unbestimmtheit der Horror vacui. Mitunter stellt sich die Sehnsucht nach Idylle ein. Nach mehr Gemütlichkeit. Nach weniger Zerrissenheit. Aber vieles spricht für diese Stadt, wie sie ist, wie sie geworden ist, wie sie aus ihrem ureigenen Potential künftig schöpfen kann. Für eine wahrhaftige Stadt, eine unverstellte Stadt, eine Stadt auf der Höhe ihrer Zeit. Die Stadt der Moderne.
Auslassung, Reduktion, Beschränkung auf das Wesentliche haben ihre eigene Qualität. Weniger ist mehr. Ebenso fasziniert nicht nur der warme Schein, der anheimelnd beleuchtete Fleck, sondern auch ein Licht, das diffus durch gläserne Decken fällt oder durch breite Fensterfronten gleichmäßige Helligkeit verbreitet. Das Licht des modernen Bauens.
Die Innenstadt füllt sich ohnehin nach und nach mit neuer Bebauung. Sie ist noch immer ein riesiges Areal für Stadtplaner und Investoren. Einiges ist schon vollendet. Gebäude wurden seit 1990 in jener Tradition einer individualistischen Gegenwartsarchitektur geschaffen, wie sie für Chemnitz charakteristisch ist. Etwa Jahns Glaspalast der neuen Galeria Kaufhof. Oder die spätpostmoderne Galerie »Roter Turm«, benannt nach dem einzig sichtbaren Rest der alten Stadtbefestigung. Ganz in der Nähe das Hotel Mercure und die damit verbundene Stadthalle, ein Prestigeobjekt der Architektur aus DDR-Zeiten.
Damals, in den frühen Siebzigern, hat die Stadtplanung im Osten Deutschlands ebenso wenig wie in der alten Bundesrepublik besonders viel Rücksicht auf romantische Bedürfnisse genommen. Heute finden sie viel eher wieder ihre Nischen. In Chemnitz rund um Markt und Rathaus etwa. Auch auf dem Schlossberg. Und in Stadtteilen mit verwunschenen Villen, Hinterhöfen oder auch einer mit Patina überzogenen Industriearchitektur.
Chemnitz aber ist im ersten Jahrzehnt des neuen Jahrhunderts in erster Linie, was es tendenziell seit etwa zweihundert Jahren ist: ein Ort für sachliche Visionen. Eine offene Stadt. Offenheit: Folge der Kriegszerstörung und der Nachkriegsplanung. Doch schon im 19. Jahrhundert grassierten in Chemnitz Abriss- und Bauwut. Viele Gebäude aus der frühen Neuzeit fielen ihr zum Opfer. Und im ersten Drittel des 20. Jahrhunderts sorgte die hier besonders radikal wirksame Haltung einer kompromisslosen Moderne für architektonische Licht- und Luftphantasien.
Gegenwart. Das Licht hat Durchlass, kann fluten. Bebautes Terrain öffnet sich den Parks, der Landschaft. Das Erzgebirge ist nah. Aber das Grün in der Stadt verweist nicht auf Ländliches. Es ist städtisches Grün. Park-Grün. Garten-Grün. Baum-Grün. Angelegt für die Erholung des Auges von architektonischen Steinmassen und Verkehrsströmen. In die Stadt gepflanzt, um die Menschen freier atmen zu lassen. Wer freier atmet, kann auch freier denken.
Chemnitz heute und gestern: eine aufgeschlossene Stadt, bereit für zukunftsweisende Ideen, weil sie weniger als andere Städte unverrückbare Vorgaben machte und macht. Vieles ist derzeit im Umbruch. In Chemnitz wird die Ordnung der Dinge neu bestimmt. Das geht nicht ohne Blick in die Geschichte. Sie ist Lust und Last zugleich, Grund der Identität und Ursache von deren Erschütterung. Historische Schichten, Erinnerungen, Stimmungen aus lange zurückliegenden Tagen sorgen für Heimatgefühl und Orientierung, aber auch für Irritation und Zwiespalt.
Symbolische Orte und Monumente lösen widerstreitende Gefühle aus. Es gibt nur noch wenige Stätten aus der Zeit vor dem 19. Jahrhundert, an denen sich das stadtbürger-

liche Selbstverständnis ausrichten kann. Der hochmittelalterliche Rote Turm. Das alte Rathaus aus dem späten 15. Jahrhundert mit dem Hohen Turm, der wahrscheinlich älter als das Rathaus ist. Das Siegertsche Haus als einziges Barock-Bauwerk der Stadt. Mitte der fünfziger Jahre wurde es mit der Originalfassade wieder aufgebaut.

Die ältesten baulichen Zeugnisse der Stadt befinden sich auf dem Schlossberg. Das Gotteshaus des einstigen Benediktinerklosters St. Marien präsentiert sich heute als spätgotische Hallenkirche, also mit drei gleich hohen Schiffen. Ungewöhnlich ist das verschlungene Rippengewölbe. Der älteste Teil der Kirche stammt aus dem 13. Jahrhundert. Die Geißelsäule des Monogrammisten »HW« – man vermutet dahinter Hans Witten – ist ein herausragendes Werk der spätmittelalterlichen Holzplastik.

Trotzdem: Die geschichtlichen Anknüpfungspunkte für das Hier und Heute sind rar. Alte Koordinatensysteme haben keine Geltung mehr. Die Stadt muss sich neu finden, neu erfinden, neu erfahren. Dies freilich hat sie immer wieder getan. Darin besteht eine Kontinuität, auf die sie bauen kann. Das stete Vertrauen auf Modernität ist die Konstante ihres Selbstverständnisses. Darin liegt ihre Chance, trotz der Erschütterung aller Selbstverständlichkeiten an Selbstsicherheit zu gewinnen. Nach Nationalsozialismus, nach DDR, nach den Turbulenzen der Wiedervereinigung, nach den Verwerfungen der ersten Nach-Wende-Jahre.

Chemnitz war Karl-Marx-Stadt. Obwohl Karl Marx nie in Chemnitz war. Richard Wagner schon: auf der Flucht. Der Komponist, auch er ein Revolutionär, fand hier Unterschlupf bei seiner Schwester. Nur für kurze Zeit, denn die Staatsorgane waren dem steckbrieflich Gesuchten auf den Fersen. Unter anderem weil er gefordert hatte, Sachsen müsse ein Freistaat werden.

Seine Gefährten, darunter der russische Anarchist Bakunin, wurden im Schlaf überrascht und verhaftet – sie waren in verschiedenen Kutschen angekommen und hatten andere Unterkünfte. Wagner entkam nach Weimar. Das war im Jahr 1849.

Seine Schriften aus dieser Zeit ähneln in Duktus und Gedanken den 1844 entstandenen »Pariser Manuskripten« von Karl Marx, der darin von der Selbstentfremdung des Menschen sprach, einer Selbstverwirklichung des Einzelnen das Wort redete und die Arbeiterklasse noch nicht als Heilsbringer der Weltgeschichte in sein Gedankengebäude eingeführt hatte. Den jungen Marx haben die Stadtväter von Karl-Marx-Stadt allerdings nicht aufs Podest gehoben. Der monumentale Bronzekopf, vom sowjetischen Bildhauer Lew Kerbel geschaffen, ist der Charakterschädel des sozialistischen Klassikers.

Erich Honecker hat das Denkmal 1971 enthüllt. Und auf der riesigen Schrifttafel im Hintergrund steht der Aufruf aus dem »Kommunistischen Manifest« in vier Sprachen: Proletarier aller Länder vereinigt Euch. 1953 war Chemnitz in Karl-Marx-Stadt umbenannt worden, 1990 entschieden sich mehr als drei Viertel der Teilnehmer einer Bürgerbefragung dafür, der Stadt ihren ursprünglichen Namen wiederzugeben.

Mit mehr Recht hätte man Chemnitz Richard-Wagner-Stadt nennen können. Der Tonsetzer hatte im Gegensatz zu Marx eine Beziehung zu der sächsischen Großstadt. Im hiesigen Opernhaus hat man das Werk des Meisters immer gepflegt. 1909 ist die Oper am Theaterplatz eingeweiht worden. 1912 übernahm Richard Tauber sen. das Haus, 1914 gab es dort die sächsische Uraufführung von Wagners »Parsifal«.

Auch Schmidt-Rottluff-Stadt hätte Chemnitz mit einer gewissen Berechtigung heißen können. Der Maler wurde im damaligen Vorort Rottluff geboren. Seine Werke bildeten über Jahrzehnte hinweg den Sammlungsschwerpunkt der Kunstsammlungen Chemnitz.

Der Mitbegründer der Künstlervereinigung »Brücke« – Schmidt-Rottluff kam auf diesen Namen – zählt zu den Erneuerern in der Kunst des frühen 20. Jahrhunderts: Auf dem Weg zur künstlerischen Autonomie gehen die Expressionisten einen entscheidenden Schritt. Subjektivität wird erstmals in radikaler Weise dem Sujet übergeordnet.

Nicht um den Eindruck, den der Maler von der Wirklichkeit hat, geht es vorrangig, sondern um die künstlerisch-individuelle Umgestaltung des Wahrgenommenen. Zum ersten Mal kommt es tatsächlich nicht mehr so sehr auf die Dinge an, sondern darauf, wie der Maler die Dinge sieht. Die Entwicklung führt weiter zu Kubismus, Abstraktion bis zu den Avantgarde-Richtungen der sechziger und siebziger Jahre.

X

Die Parallel-Bewegung von Kunst und Unternehmertum ist aus der Rückschau, gerade was die Jahre zwischen 1871 und 1914 angeht, frappierend. Der Autonomie der Wirtschaft entspricht die Autonomie des Künstlers. Wache Unternehmer suchen daher die Nähe zum künstlerischen Ausdruck. Sie ahnen die gemeinsamen Wurzeln der wirtschaftlich-wissenschaftlich-technischen und der künstlerischen Moderne. Sie sehen, wie ähnlich ihre eigenen und die Bestrebungen der Künstler sind. Auch die Unternehmer begreifen sich als Gestalter.

Die traditionellen Bindungen lösen sich. Neue Begründungen dessen, was man tut, müssen gefunden werden. Das handelnde Subjekt tritt in den Mittelpunkt, der schöpferische Mensch, der Erfinder seiner selbst, seiner Welt, seiner Kultur.

Repräsentative Bauten für kulturelle Institutionen wie die Oper oder die Kunstsammlungen Chemnitz fallen in jene goldenen Jahre. Mit dem Theaterplatz, dem Neuen Rathaus und der Bebauung rund um den Johannisfriedhof bekommt Chemnitz im ersten Jahrzehnt des 20. Jahrhunderts Gebäudeensembles, die vom Stolz der Bürger zeugen. Die Nationalsozialisten haben mit dem »bürgerlichen Zeitalter« gebrochen. Die Sozialisten haben es allenfalls als Vorstufe zu einer neuen Zeit begriffen und seine kulturellen Leistungen als subjektivistisch diffamiert.

Heute aber sind es die damals geschaffenen oder fest im städtischen Leben verankerten kulturellen Einrichtungen, an denen sich eine Stadt wie Chemnitz orientieren kann. Während in anderen Städten Fürsten ein reiches Kulturerbe hinterlassen haben, von dem die Stadtoberen in der Gegenwart zehren können, haben in Chemnitz die einflussreichen Kaufleute und Großindustriellen für einen Fundus an Kunst und Architektur gesorgt. Mit diesem Pfund gilt es in den kommenden Jahren und Jahrzehnten zu wuchern.

Die Sorge um das Gemeinwohl ist im Osten wie im Westen Deutschlands lange an die Staatsorgane delegiert worden. Die Verantwortung des Bürgers – nicht im Sinn des »bourgeois«, sondern des »citoyen« – war kaum gefragt. Die Verödung der Städte in den sechziger und siebziger Jahren des vorigen Jahrhunderts hatte auch darin ihren Grund. Ein Umdenken hat eingesetzt. Bürgerliche Stiftungen gewinnen wieder an Bedeutung. In Zeiten leerer öffentlicher Kassen wird offenbar, dass die Bewohner der Städte sich um ihre kulturellen Einrichtungen kümmern müssen: als Besucher, als Förderer, als Ideengeber. Das kulturelle Image bestimmt das städtische Sein mehr denn je.

Bürgerliches Engagement war vor 1933 wesentlich von jüdischen Einwohnern mitbestimmt. Mit dem Bau der Neuen Synagoge, ein Werk des Architekten Alfred Jacoby, hat das jüdische Leben in Chemnitz wieder einen geistlich-kulturellen Mittelpunkt erhalten. Auch hier gibt es Anknüpfungspunkte an eine Vergangenheit, die in die Zukunft verweisen kann.

Man muss absolut modern sein. Was Rimbaud formulierte, scheint die Stadt Chemnitz seit dem Beginn des Industriezeitalters immer befolgt zu haben. Wenn das paradox anmutende Wort von der Tradition der Moderne einen Sinn hat, dann in dieser sächsischen Großstadt.

Das Bewusstsein der Moderne hat sich um die Mitte des 19. Jahrhunderts herausgebildet, um sich zu Beginn des 20. Jahrhunderts voll zu entfalten. Während anderswo Zurückhaltung geübt wurde, bildete Chemnitz die Speerspitze des Neuen. Wirtschaftlich wie kulturell ließ sich die Stadt auf die neue Zeit der industriellen Produktion ein.

Schon in den ersten beiden Dritteln des 19. Jahrhunderts ging mit der industriellen auch die kulturelle Entwicklung einher. Es gab um 1800 die ersten Baumwollspinnereien, in denen englische Maschinen die menschliche Arbeitskraft ersetzten. Der Maschinenbau wurde in Chemnitz alsbald zu einem wichtigen Industriezweig. Bereits 1854 gab es in dieser Stadt Gasanschluss. Städtische Kapelle, Theater, Gewerbeschule als Vorläufer der Universität wurden zwei, drei Jahrzehnte vorher gegründet.

Anfangs suchten die Architekten in Zeiten der industriellen Revolution noch in der Vergangenheit nach Formen, in die sie die Gegenwart gießen konnten. Der Historismus bediente sich der Formen vergangener Zeiten, um sie mit neuen Inhalten zu füllen. Später verzichteten die Baumeister auf stilistische Rückgriffe, um ganz aus der Gegenwart heraus zu gestalten.

Die Kathedralen der Industrie traten in Konkurrenz zu den Kirchtürmen und Kirchenschiffen. Sie imitierten sakrale

Bauformen, um den einmal damit verbundenen religiösen Gehalten eine säkularisierte Religion entgegenzusetzen.
Die Gemeinde, die zum Gottesdienst kommt, war Vorbild für die Arbeiterschaft, die sich zum Dienst am Fortschritt allmorgendlich in den Fabrikhallen versammelte. Das Dröhnen und Surren der Maschinen war das Gebet des Gewerbefleißes. Das protestantische Arbeitsethos fand einen unmittelbaren Ausdruck in der Architektur.
Beispielhaft für die zahlreichen Fabrikgebäude aus dem letzten Drittel des 19. Jahrhunderts ist die Strumpffirma Moritz Samuel Esche an der Goethestraße: ein monumentaler Tempel des Industriezeitalters. Ein anderes Beispiel: Die Gießerei Escher, neuer Sitz des Industriemuseums, zitiert ebenfalls hemmungslos historische Vorbilder.
Noch weit ins 20. Jahrhundert hinein wirkten Historismus und Neoklassizismus. Erich Basarkes Deutsche Bank am Falkeplatz und in abgeschwächter Form Heinrich Straumers Dresdner Bank zeugen davon. Die Geldinstitute haben Stilmittel bevorzugt, die Ehrfurcht einflößen und von der Macht der Finanzgewaltigen künden. Und man suchte das Gediegene, Seriöse, Konservative zur Geltung zu bringen – da liegt der Rückbezug zum Klassischen auf der Hand.
Mittlerweile haben Industrien, die vor noch nicht allzu langer Zeit für die Stadt prägend waren, dramatisch an Bedeutung verloren. Vor allem die Textilindustrie. Dafür ist Chemnitz Standort von High-Tech-Fertigungsanlagen der Automobilbranche, der Werkzeugmaschinen-Industrie, der Zukunftstechnologien geworden. Einige aus der alteingesessenen Textilbranche haben Nischen gefunden, in denen sie sich mit hoher Qualität gegen die Globalisierung behaupten können.
Mit Produkten, die von Phantasie, Erfindungsgeist und erstklassiger Verarbeitung zeugen, lag Chemnitz zu allen Zeiten vorne. Die Stadt der Erfinder. Die Stadt, die sich wirtschaftlichen Entwicklungen erstaunlich schnell anzupassen wusste.
Der Mensch in der Masse: So lautet eine der kulturkritischen Beschreibungen unserer Situation nach der Umwertung aller Werte. Dabei hat der Mensch der Moderne in früheren Zeiten nie gekannte Chancen, sein Dasein zu gestalten, seine Individualität auszubilden, seine Einzigartigkeit zu leben. Die Moderne ist so individualistisch wie normiert. Im Lebensvollzug des Einzelnen wie in der Architektur.
In Chemnitz entstanden etliche Vorzeigebauten der Bauhaus-Ära. Lauter Solitäre. Singuläre Gebäude. Die großen Bauaufgaben – etwa Verwaltungszentren, Banken- und Versicherungspaläste, Kaufhäuser – brachten, zumal wenn sie von Vordenkern der Zunft geplant wurden, in aller Regel Gebäude von je eigenem Charakter hervor. In Chemnitz hat sich das Neue Bauen in einer Weise ausgeprägt wie in wenigen anderen deutschen Städten.
Hier waren die Baumeister immer dem Zeitgeist nahe. Hier vollzogen sich gesellschaftliche Entwicklungen, die den Rest des Landes oft später erreichten. Das Vorgaukeln falscher Tatsachen hatte wenig Sinn in einer Stadt, die im Kern unerbittlich modern ist: Von stalinistischer Zuckerbäcker-Architektur blieb sie verschont.
Chemnitz, offene Stadt. Und doch: Hier gibt es Viertel von erstaunlicher Geschlossenheit. Die Gründerzeit- und Jugendstil-Quartiere. Der Kaßberg. Der Sonnenberg.
Geschlossenheit bedeutet gerade auf dem bürgerlichen Kaßberg nicht Abgeschlossenheit. Die Architektur in diesem Viertel verrät vielmehr Weltläufigkeit, ein Zulassen von Imagination, eine Offenheit für individuelle Träume.
Häuser als Individuen. So individuell wie die Bewohner. Das war früher so. Das ist heute wieder so. Künstler leben hier und Menschen, die in ihren Berufen die Stadtgesellschaft gestalten.
Unterm Pflaster liegt der Strand. Hinter alten Fabrikmauern breiten sich Kultur und Subkultur aus. Wo Webstühle standen, sind Künstler eingezogen. Wo Bier gebraut wurde, werden Filme gezeigt und Ausstellungen veranstaltet: In den Räumen der ehemaligen Altendorfer Societätsbrauerei auf dem Kaßberg hat sich das Kulturprojekt VOXXX eingerichtet. Der Charme der alten Fabrikgemäuer und eine Ästhetik, die auch ironisch Elemente des DDR-Designs aufnimmt, vermischen sich hier und schaffen ein spezifisches Ambiente.
Der Kaßberg, das Nobelviertel der Stadt. Und doch nicht auftrumpfend. Überall viel mehr: Understatement. Bürger-

XII

liche Bescheidenheit: rationale Formen, strikte Harmonien, kein Überschwang.

Die Ornamente wirken gebändigt. Ausschweifungen hat man sich zumeist versagt. Fassaden und Räume zeugen von einer exakten Phantasie, die Arabesken sind wohlproportioniert. Das Organische wird anerkannt, aber diszipliniert.

Manchmal freilich ging der Exotismus mit Bauherren und Baumeistern durch. Das so genannte Majolikahaus in der Barbarossastraße mit seinen glasierten Tontafeln ist von nachgerade orientalischer Üppigkeit.

Ganz anders jenes international bedeutende architektonische Denkmal, in dem sich die streng-lineare Ausformung des Jugendstils vielleicht am reinsten verkörpert hat. Henry van de Velde entwarf im Jahr 1902 für den Textilunternehmer Herbert Eugen Esche eine Villa, die damals am Rande der Stadt lag. Im Folgejahr wurde sie gebaut. Als Spiegelbild großbürgerlicher Selbstzucht, die sich auch auf die Leitung des Unternehmens wie auf die private Lebensführung erstreckte.

Alles ist bis ins kleinste Detail geplant. Nichts wird dem Zufall überlassen. Der Glaube an eine allumfassende Planung beherrscht das unternehmerische Denken jener Jahre. Wie er auch van de Veldes Auffassung von der universellen Gestaltung der Lebensumwelt aus einer Hand dominiert.

Die Gegenstände des alltäglichen Gebrauchs folgen derselben formalen Logik wie die Architektur des Gebäudes. Van de Velde errichtet für den Fabrikanten ein Kunstobjekt aus dem Geist der Kaufmannstugenden, das zugleich die repräsentative Hülle für die gesellschaftlichen Verpflichtungen der Familie Esche ist.

Was nützlich ist, gilt auch als schön: Kunst und Kunsthandwerk sind nicht zu trennen. Esche ist ein Mann der Künste. Nicht der vergangenen, sondern derjenigen seiner Zeit. »Aber Herbert, findest du so etwas denn schön?«, sollen Verwandte gefragt haben, denen das Gebäude zu wuchtig vorkam. 1905 ist Edvard Munch zu Gast in der Villa. Er malt unter anderem die Kinder des Hausherrn.

Das Licht der industriellen Vernunft. Das Licht der Sonne in den Räumen der Villa Esche. Sie thront auf einem Plateau, dem Himmel nah, dem Irdischen enthoben, dem Licht ganz und gar zugewandt. Das Gelb der Fassade unterstreicht noch das Sonnenhafte. Der Unternehmer in der Nachfolge der Sonnenkönige. Eine Balance zwischen Innen und Außen, das Haus als Erweiterung der Natur.

Es beherbergt heute ein Henry van de Velde-Museum, bestückt aus dem Bestand der Chemnitzer Kunstsammlungen. Vieles an dem Gebäude, das der sowjetischen Militärbehörde, später der Staatssicherheit diente und für deren Zwecke umgebaut wurde, ist rekonstruiert worden, manches auch ohne direkten Beleg. Das Dachgeschoss wurde ausgebaut, um Seminarräume zu gewinnen. Das Licht, das in die zentrale Wohnhalle fällt, wird daher im Unterschied zum ursprünglichen Zustand durch mehrere Glasdecken gebrochen. Dabei war schon damals in der avancierten Chemnitzer Architektur höchstes Gebot, das Licht ungefiltert, ungebrochen fluten zu lassen.

Von van de Velde gibt es noch andere Spuren in der Chemnitzer Geschichte. Er gehörte unter anderem zu jenen Künstlern, die im Zuge der Aufwertung der kunstgewerblichen Produktion für die Firma Vogel neue Muster entwarfen. Kunsthandwerk und Massenherstellung sollten eine Symbiose eingehen. Die edle Form sollte vielen Konsumenten zugute kommen und nicht nur einigen auserwählten mit dickem Portemonnaie. Die künstlerische, kunsthandwerkliche Gestaltung der Umwelt wurde just in jenem historischen Augenblick zum Thema, als man die zerstörerischen Momente der Industrialisierung zu erkennen begann.

Hermann Vogel, Gründer einer Möbelstoffweberei und Papierfabrikant, war nicht nur ein innovativer Unternehmer, sondern auch ein bürgerlicher Mäzen und Stifter par excellence. Er förderte soziale Einrichtungen. Und er unterstützte die Künste. Er beauftragte Max Klinger mit der Schaffung eines Wandgemäldes für Chemnitz. Dafür brachte Vogel die beträchtliche Summe von 100000 Mark auf. Im Jahr 1911 stellte er das Geld zur Verfügung, doch die Realisierung des Kunstwerkes zog sich hin. Klinger war ein berühmter und viel beschäftigter Künstler. 1918 war das Wandbild »Arbeit – Wohlstand – Schönheit« für den Stadtverordnetensaal im Rathaus fertig: Es zeigt durchgebildete Körper vor einem breiten Fluss mit einem Hafen voller großer Schiffe. Der Chemnitzfluss konnte damit nicht wirklich gemeint sein.

Hermann Vogel erlebte die Vollendung des Werkes nicht mehr. Ein ganzes Zeitalter war gerade zusammengebrochen: Am Ende des Ersten Weltkrieges stürzte die deutsche Monarchie. Das allegorische Großgemälde von Klinger mit seiner künstlerischen Überhöhung der Wirklichkeit wirkt von heute aus gesehen wie ein Abgesang auf die Ideale der Gründerzeit. Vogel wollte etwas durch und durch Zeitgenössisches. Doch der rasche Wechsel der Zeitläufte ließ das Klinger-Werk als nicht mehr ganz in die Zeit passend wirken.

Knapp 30 Jahre später als die Villa Esche wurde ein anderer Bau von architekturhistorischem Rang in Chemnitz errichtet. Das Gebäude des einstigen Kaufhauses Schocken von Erich Mendelsohn. Es changiert zwischen Expressionismus und Sachlichkeit. Aber Mendelsohn lässt sich keinem eindeutigen Stil zuordnen. Er selbst sprach von »organischem Bauen«. Das Chemnitzer Gebäude ist charakteristisch für die Bauweise des Berliner Architekten: typisch der kühne Schwung der Fassade mit den Fensterbändern. Durch die gekurvte Fläche erhält der Bau eine Dynamik, die allerdings nicht dazu führt, dass die einzelnen Elemente der Fassade ein allzu starkes Eigengewicht bekommen.

Architektur als Bedeutungsträger: Die Baukunst des Expressionismus ist von einem ähnlichen Pathos erfüllt wie die Malerei der Epoche. Der Ausdruck einer modernen Nervosität, der Gedanke einer nicht aufzuhaltenden Entwicklung des Menschengeschlechts, der Wissenschaften, der Technik – in der nach oben und aus dem Inneren hervorstrebenden Architektur, in der endlos scheinenden Faltung der Fassaden, in den Türmen und Turmmotiven werden die Stimmungen jener Zeit in Stein gefasst.

Das Cammann-Hochhaus ist 1926 fertig gestellt worden, Architekt war Willy Schönefeld. Das Gebäude scheint sich aufzufalten, statt einer Wandfläche bietet sich das Bild einer in die Umgebung ausgreifenden architektonischen Skulptur. Auch nach oben hin: Dynamik, Aufbruch, himmelstürmende Spitzen. Erich Basarke baute für die Firma Schubert & Salzer 1927 einen Turm, dessen Vorbild im Typus des italienischen Campanile zu suchen ist, der aber mit seinen zinnenartigen Formen, seinen Zacken und seiner Nadelspitze jede religiös-kultische Bedeutung von sich weist.

Die Industrieschule am früheren Johannisfriedhof, seinerzeit die größte Berufsschule Deutschlands, ist ein Werk von Friedrich Wagner-Poltrock: ein Komplex von Gebäudeteilen mit Türmen, Vorkragungen und Dachzonen, die an Wehrpaläste italienischer Städte erinnern. Den ehemaligen Sitz der Firma Bernstein an der Zwickauer Straße haben Kornfeld und Benirschke entworfen. Hier scheinen sich die Außenmauern ziehharmonikaartig aufzufächern, nicht willkürlich, sondern nach einem klaren Schema. Mittlerweile würde man hier wie bei den anderen architektonischen Beispielen der expressionistischen Architektur-Mode von einem Modul sprechen, einem immer wiederkehrenden Element, das den Fassaden eine zwar einheitliche, aber höchst unruhige Struktur verleiht.

Zeitgleich mit den expressionistischen Bauwerken entstanden Gebäude von großer Nüchternheit. Das Neue Bauen in Chemnitz setzte mit dem Firmengebäude Emden Söhne ein, das die Hamburger Brüder Gerson errichteten. Der rechte Winkel trägt den Sieg davon, Fassadenschmuck spielt keine Rolle mehr, die harmonischen Proportionen der Raumkörper sorgen allein für die ästhetische Spannung. Klarheit ist oberster Grundsatz. Die Form gehorcht der Funktion.

Der Impuls wurde rasch aufgenommen. Stadtbaurat Fred Otto entwarf im Geist des rationalen Bauens das Verwaltungsgebäude der Wasserwerke an der Theresenstraße. Es folgten die Sparkasse am Falkeplatz und das Stadtbad, seinerzeit das größte Hallenbad in Europa. In den zwanziger Jahren geplant, wurde es erst 1935 vollendet. Ein lichtdurchfluteter Bau. Voller Klarheit und Strenge. Alles ausgerichtet an den geordneten Bahnen, die die Schwimmer ziehen. Harmonische Proportionen. Eine schnörkellose Eleganz. Ein Musterzweckbau, ganz und gar dem Bauhausgedanken verpflichtet.

Auch Wagner-Poltrock schloss sich der neuen Richtung an. Das einstige Städtische Transformatorenwerk am Getreidemarkt und die Diesterweg-Schule in Gablenz wurden von ihm entworfen: Musterbauten des neuen schnörkellosen architektonischen Denkens, das allerdings keineswegs auf Monotonie setzt, sondern auf Variation und Kombination der seriellen Elemente. So ändern sich durchaus die Fenstergrößen oder die Fensteranzahl pro Reihe.

XIV

Max Werner Feistel redete einer Industrialisierung des Bauens das Wort. Doch gerade auch seine Arbeiten zeugen von der zeitlosen Ästhetik des Neuen Bauens. Sein eigenes Haus auf dem Schlossberg und das Hauboldhaus an der Hoffmannstraße, ein Wohnkomplex, zählen zu seinen herausragenden Bauten.
Das AOK-Gebäude von Curt am Ende und der Garagenhof Zwickauer Straße, von Hans Schindler und dem Büro Luderer & Schröder entworfen, sind als Beispiele des nüchtern-rationalen Stils gleichfalls von kunsthistorischer Bedeutung. Ihre exemplarische Deutlichkeit kann auch heutigem Bauen Maß und Norm geben. Es geht um Unverwechselbares. Es geht darum, ein Bild zu wahren und stärker zu konturieren, das unvergleichlich ist. Unvergleichlich modern in einem stilbildenden Sinn.
Das gegenwärtige Chemnitz: Freiraum und Leerstelle. Mit mehr Durch- als Einblicken. Und allenthalben Ausblicken auf ein weites innerstädtisches Feld der Möglichkeiten, auf geräumige Plätze für Zukunftsperspektiven, auf unverstellte Horizonte. Dass städtische Verdichtung nicht unbedingt und an allen Stellen das vorrangige Ziel der Stadtentwicklung sein muss, legte Ende der neunziger Jahre der in Chemnitz aufgewachsene Architekt Günter Behnisch den hiesigen Planern nah. Unbebaute Fläche kann ein Luxus sein.

Michael Hierholzer

JEDE MENGE BARCELONA?

Unter Dir die Stadt, Du schaust aus dem Flugzeug, nicht viel zu erkennen. Wolken siehst Du im Anflug auf Barcelona, nicht die Stadt. Vier Palmen in beruhigendem Viereck stehen in dem vom Katalanen Ricardo Bofill gebauten supermodernen Flughafengebäude. Mit dem Zug fährst Du in knapp 30 Minuten ins Zentrum zur Placa de Catalunya. Am oberen Teil der Ramblas liegt Dein Hotel, Ramblas 111 um genau zu sein. Im Zimmer heftest Du den Stadtplan an die Wand. Alles ist wie immer, gerade bringt ein Uniformierter Deine schweren Kamerataschen; sogar die Stative in ihren schwarzen Hüllen sind dabei. Schon oft musstest Du Tage auf die Stative warten; dies wäre in einer solchen Stadt nicht allzu schlimm gewesen. Im Gepäck auch die Kühlbox mit den Farbfilmen. Alles wie immer.
Das Porträt einer Stadt soll entstehen, in Fotografien wird sich die Stadt spiegeln. Meist beginnst Du im Zentrum, Du schaust auf den Plan, an die Stelle, wo die Kathedrale sein soll – Du liest Roter Turm und nicht Catedral de Santa Eulalia. Du liest Brückenstraße, aber nicht Ronda de Sant Pere. Was ist los?

Du bist im Ramada Renaissance in Barcelona. An der Wand aber hängt Chemnitz und wieder schaust Du auf diesen Plan – ja, wirklich Chemnitz, August Bebel Straße, nicht Passeig de Sant Joan. Auch in Chemnitz hieß Dein Hotel Renaissance, schön war es dort, und Deine Studenten wohnten in der fabelhaften Pension Savo (»Kein Tag ohne Highlight«) in der Nähe des Bahnhofs. Hatten sie Dir den Chemnitz Plan eingesteckt? Aber nein, Deine Vorlieben für Vergrößern und Verkleinern (ein fotografisches Prinzip) war's. Alle Stadtpläne bringst Du nach dieser Methode auf die gleiche Größe.

Gibt es ein fotografisches Maß für die Sichtweise von Städten, eine Recheneinheit, die die Fotogenität eines Ortes misst, eine Relation zwischen urbaner Substanz und fotografischer Darstellbarkeit? Noch bevor Du eine Stadt betrittst, ist Dein Kopf bereits voller Bilder von ihr, zumeist sind es die saturierten Perspektiven ihrer vermeintlichen ›Wahr-Zeichen‹. Visuelle Kondensate dessen, was den ›Geist des Ortes‹ ausmachen soll.

Um wie viel verwirrender ist doch der Eindruck, der Dich befällt, wenn Du Dich als Flaneur durch die Stadt bewegst und wenn sie Dich mit ihren eigenen Zeichen befällt, nicht vermittelt über die Bilder und Worte, die Dir das fertige Bild der Stadt bereits in den Führern und den Stadtatlanten präsentieren. Sorgfältig gezähmt erscheint darin das organisch gewachsene Gewirr der Städte, unterteilt in ›thematische Kapitel‹, ›Streifzüge‹, ›pittoreske Routen‹, sprachlich aufbereitete ›Sehenswürdigkeiten‹ ihrer jeweiligen Identität: Das ist Barcelona, die europäische Perle des Jugendstils. Du wusstest doch, dass sich dies auch über Chemnitz, zeitweilig Karl-Marx-Stadt, sagen ließe?

Das vielfältige, nicht zu reduzierende Bild einer Stadt zu entwerfen, in einer ununterbrochenen und unkommentierten Bildstrecke, so lautete unsere Intention. War es nicht stets eine besondere Qualität der Fotografie, den Dingen zu ihrem Ausdruck zu verhelfen, zum Vehikel ihrer Zeichen zu werden, den Gebäuden und den Gebärden der Menschen ihre eigene Sprache zu verleihen? Die Rhetorik der unterschiedlichen Architekturen aufeinanderprallen zu lassen, sich nicht nur auf die Oberflächen zu beschränken und natürlich auch das Innere der Häuser zu zeigen, die Gesichter der Menschen in Beziehung zu den Fassaden setzen, hinter denen sie leben, in das räumliche Kontinuum der Stadt zu schneiden und die Schnitte wieder neu zusammenzusetzen – dies alles bedeutet, die »Stadt als Text« (Michel Butor) zu entwerfen, als ein Gewebe aus Fotografien mitsamt der heimlichen Allianz der in ihnen korrespondierenden Zeichen, auch der fotografischen.

Wie ließe sich sonst die grazile Haltung erklären, die ein wunderbarer, rollschuhlaufender Mann und eine schlanke Wendeltreppe einnehmen (S. 58 f.), die imposante Räumlichkeit, die das Innere der Oper und die große Fertigungshalle des Volkswagenwerkes gemein haben (S. 54 f.) und jene vornehme und stille Eleganz, die sich die Bewohner des Kaßbergs mit den Interieurs ihrer Häuser teilen (S. 28 ff.)?

Ich bestelle mir etwas zu trinken. Ein Kellner bringt Cava, Sekt sagt man in Chemnitz. Der Mann lächelt nicht, der Mann ist Katalane. Man sagt Katalanen lächeln nicht. »Sie können es vielleicht, aber es ist nicht ihr Stil. Dafür sind sie berühmt. Katalanen haben das Minenspiel eines Gefrierfachs.« (H. Timmerberg) Aber die Sachsen sind berühmt für ihren Witz und die Chemnitzer, die lächeln und haben Witz. Wie gesagt, der Barceloniner lächelt nicht, schon gar nicht wenn er gefragt wird, ob die Chemnitzkarte an der Wand nicht doch die von Barcelona sei.

Wahrscheinlich waren es doch Deine Studenten, dieses Team wie Samt und Seide, mit ihnen hast Du im Sommer 2002 Chemnitz fotografiert. Sie wollten, dass Du Dich erinnerst, erinnerst an die schöne Zeit in Chemnitz. Ein Teil meiner Klasse an der Hochschule für Grafik und Buchkunst Leipzig interessierte sich für diesen klassischen Auftrag, ein fotografisches Porträt der Stadt Chemnitz zu erstellen. Dann waren es immerhin neun Studenten, die sich nach Chemnitz aufmachten. Geboren an so unterschiedlichen Orten wie Dresden, München, Hoyerswerda, Leipzig, Mainz, Saarlouis, gleich drei von ihnen kommen aus Berlin. Eine gewisse städtische Erfahrung war also vorhanden.

Mit Till Gathmann, einem begnadeten Grafiker aus unserer Hochschule, haben wir die entstandenen Bilder zu einem Buch gefügt, das Ihnen, verehrter Leser, nun vorliegt. Das Porträt der Stadt Chemnitz als komplexes Beziehungsgefüge ihrer Menschen und Gebäude, gesehen von außen, in durchaus nicht einfachen Zeiten. Die Stadt als Resultat ihrer Geschichte, nicht in Wunschmodellen verharrend, sondern sich selbstbewusst zeigend. Die Bildabfolge im Buch wird durch keinen Text unterbrochen, die Dramaturgie folgt vielmehr einer visuellen Assoziationskette, die sich aus den vielen Gesichtern dieser Stadt zusammensetzt.

Und tatsächlich, lieber Leser, abgesehen von den Plänen an der Wand, Sie sind in Chemnitz und das ist gut so, und sicher werden Sie immer wiederkommen. Wir jedenfalls kommen gerne wieder, und gibt es denn etwas, das anders wäre als in Barcelona ?

Nun zugegeben, das Meer fehlt schon in Chemnitz.

Timm Rautert

ALTE POST
GALERIA
KAUFHOF
RATHAUS

GALERIA
Pack die Badehose ein

74

Outlaw

Sparkasse

Lady
Come to where the flavor is.

ABB
ABB

FERAG

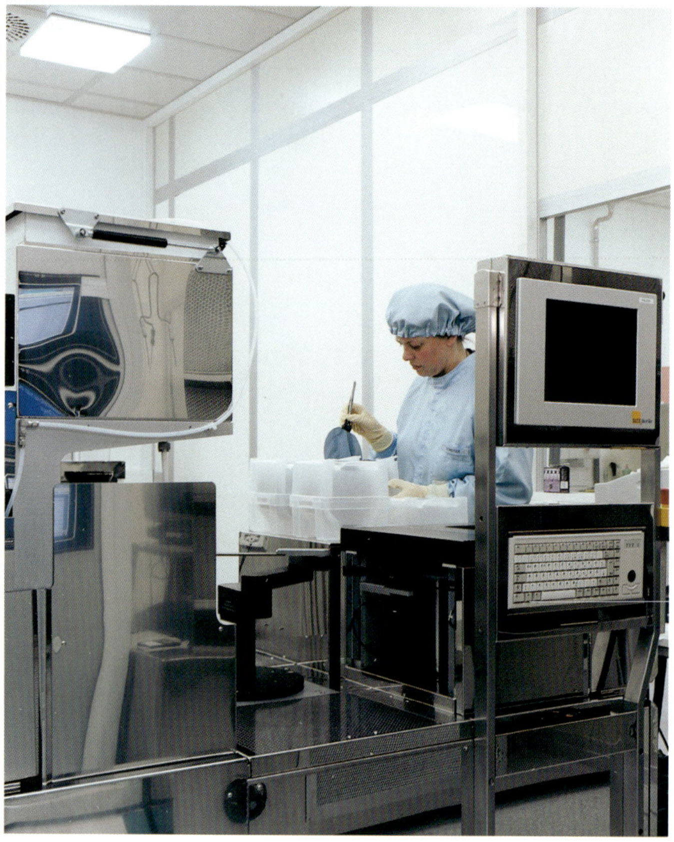

McDonald's

BREAK DANCE

EIS

McDonald's

LBÄCKEREI
HAUPTBAHNHOF

OIGT
KONDITOREI
Tickets
BAHNSTEIG
KONEN

+28°C
+28°C

KONEN
KONEN
KONEN
KONEN
KONEN
GALERIA
KAUFHOF

AIC
Eiscafe
Frischemarkt

PLAZA

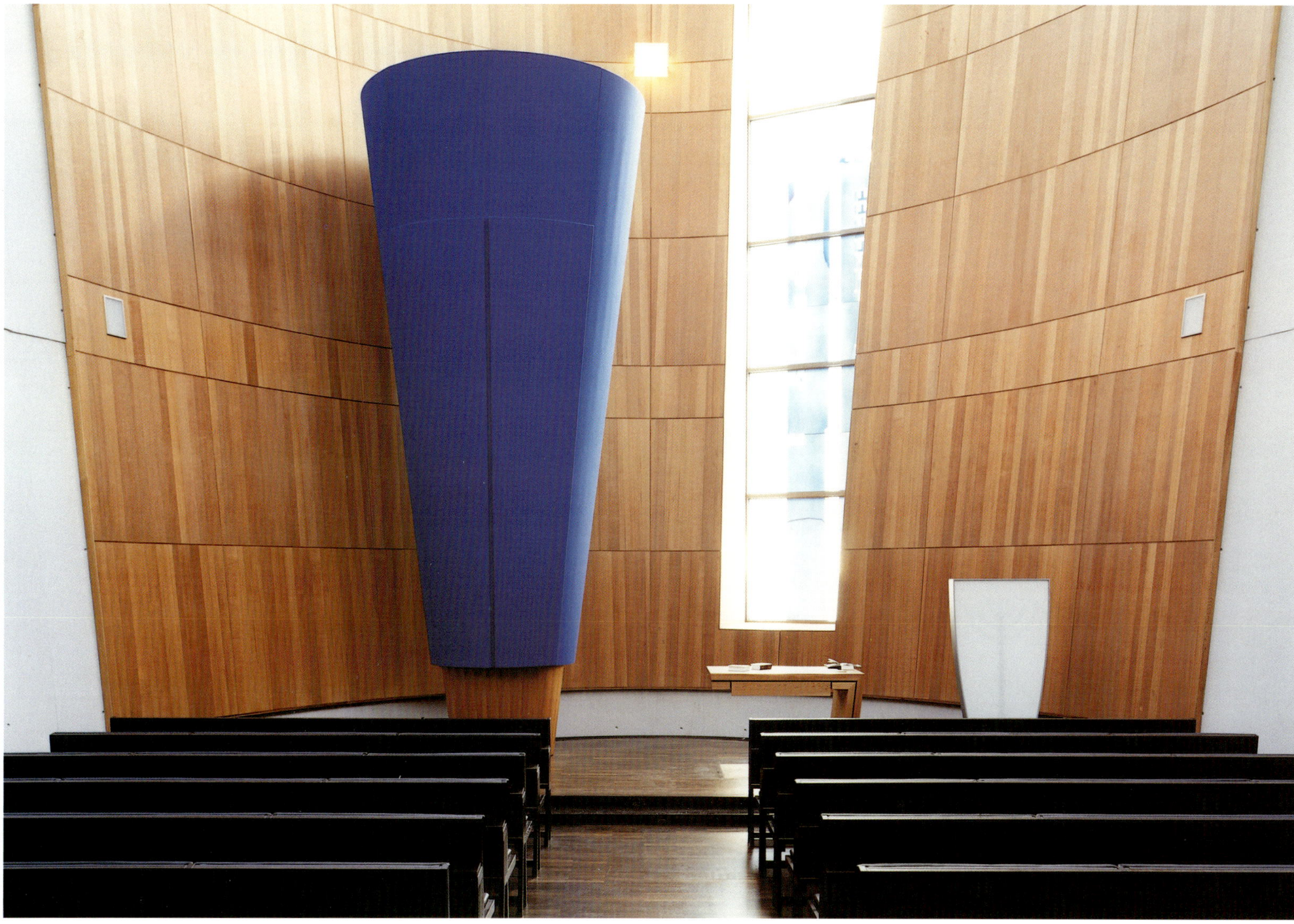

Heineken

RFC
IF ONLY I
COULD TURN BACK TIME.... TOM

besico
besico
besico

MORGENPOST
hotel mercure

TV SPIELFILM
TV SPIELFILM
BOXEN

DIXI

VIVA PLUS
SOUTH POLE
www.viva.tv
SOUTH POLE

OMNIBUSBAHNHOF
PRESSESHO
VERKEHRSSERVICE & REISEBÜRO
Reisebüro

HOP
ERVICE - REISEBÜRO

STL WY 51

BILDERLÄUTERUNGEN

17

KASSBERG / VILLA HOHE STRASSE

Die Stadt Chemnitz gewährt Einblick in ihre reiche Geschichte und vielfältige Gestalt.
Das Foyer eines Wohnhauses auf dem Kaßberg zeigt Schmuckelemente, die der maurischen Kunst entlehnt sind. Dieser Stil, im späten 19. Jahrhundert groß in Mode, findet sich neben verschiedenen Formen des blumigen Jugendstils im Kaßberg-Viertel.
Das gehobene Wohnviertel ist Ausdruck der gestiegenen bürgerlichen Kultur in der Industriestadt Chemnitz. ➔ s. auch Erklärungen zu S. 34

18 | 19

VILLA ESCHE

Die Villa Esche, entworfen von dem bekannten Künstler und Architekten Henry van de Velde, zählt zu den bedeutendsten Baudenkmälern in Chemnitz und ist weit über die Grenzen der Stadt hinaus bekannt. Das Wohnhaus steht stellvertretend für den wirtschaftlichen Aufschwung, den Chemnitz seit dem 19. Jahrhundert durchlief und der die Stadt zu einem wichtigen Industriestandort für die Textilproduktion und den Maschinenbau machte. Es bildete sich eine wohlhabende Schicht von Unternehmern heraus, die durch ihr Engagement auch die neuesten Kunst- und Architekturstile in Chemnitz förderten. Bauherr der Villa war der Textilunternehmer Herbert Esche, der aus einer alteingesessenen Fabrikantenfamilie stammte, deren Wurzeln bis in das 17. Jahrhundert zurückreichen. ➔ S. 46/47

CAMMANN-HOCHHAUS

Blankenauer Straße 74
Architekt: Willy Schönefeld
Bauzeit: 1924 – 1926

Der Architekt erbaute den neuen Sitz der Firma Cammann als expressionistisches Hochhaus.
Im nördlichen Stadtteil Furth gelegen, produzierte die weltweit renommierte Firma hier seit 1900 edle Möbelstoffe. Der Stahlbetonbau nahm Büros, Werkstätten und Wohnungen auf. Ungewöhnlich sind die mehrfach gefalteten Fassaden des Geschäftshauses. Vertikale Elemente wie die Eckpfeiler, schmale Lisenen zwischen den Fensterachsen und feiner Rillenputz werden in dem horizontal umlaufenden Sims zu einer lebendigen Zackenlinie zusammengefasst. Mit den fünf Hauptgeschossen, zwei weiteren Etagen sowie dem Dachaufbau mit spitzer Haube erreicht das Gebäude eine Höhe von 40 Metern. Es war das erste Hochhaus der Stadt; 1995 wurde es restauriert.

20 | 21

KAUFHAUS SCHOCKEN

Bahnhofstraße 7
Architekt: Erich Mendelsohn
Bauzeit: 1929 – 1930

Eines der berühmtesten Gebäude in Chemnitz ist das ehemalige Kaufhaus Schocken, mit dem die Gebr. Simon und Salman Schocken den Berliner Architekten Erich Mendelsohn 1927 beauftragten. Er hatte bereits die Filialen in Nürnberg und Stuttgart gebaut. Auf dem viertelkreisförmigen Grundstück platzierte er einen breit gelagerten Bau, dessen Fassade sich mit dynamischem Schwung in den Straßenraum hineinwölbt. Zwischen die vertikalen Treppenhäuser spannen sich die Verkaufsgeschosse, die durch die durchlaufenden Fensterbänder und im Wechsel mit den Travertinbrüstungen das horizontale Gegengewicht bilden. Über den fünf Hauptgeschossen erheben sich noch zwei zurückgestufte Dachgeschosse und eine gedeckte Dachterrasse. Diese weit geöffnete Fassade wurde durch die Stützenkonstruktion aus Eisenbeton möglich. Mendelsohn verlieh mit diesem großstädtischen, neuartigen Bau der modernen Unternehmensphilosophie der Brüder Schocken konsequent Ausdruck.
1938 wurde das Kaufhaus »arisiert«. Im Krieg kaum zerstört, hat es die HO nach 1945 als Centrum-Kaufhaus genutzt und leicht verändert. 1990 erwarb es die Kaufhof AG, seit dem Umzug 2001 in ihre neu errichtete Galeria Kaufhof ➔ S. 72 steht das Schocken-Kaufhaus leer. Eine Nutzung als Landesmuseum für Frühgeschichte ist im Gespräch.

22 | 23

PARKHAUS / GALERIA KAUFHOF

Bahnhofstraße
Architekt: Helmut Jahn, Murphy/Jahn Architects
Bauzeit: 2001

Die futuristisch anmutenden Glasröhren an der Zentralhaltestelle dienen der Anbindung an das neue Parkhaus neben der Galeria Kaufhof ➔ S. 72. Sie unterqueren die Bahnhofstraße und leiten in den mehrgeschossigen Hochbau. Das stählerne Tragwerk ist mit unterschiedlich großen und in sich mehrfach gewölbten Glasscheiben gedeckt. Die schräg ansetzenden Tunnelröhren schieben sich in den Straßenraum hinein. Wie bei vielen anderen Bauten von Jahn gestaltete der französische Künstler Yann Kersalé auch hier ein Beleuchtungskonzept mit farbigem Licht.

24 | 25

SOMMER IN DER STADT

26 | 27

HOTEL MERCURE KONGRESS / STADTHALLE

Theaterstraße 3 / Brückenstraße 19
Architekt: Rudolf Weißer
Bauzeit: 1969 – 1974
Umbau Hotel: Peter Koch 1994 – 1997

Die Kontroversen um den Wiederaufbau der durch die Bomben der Alliierten stark zerstörten Chemnitzer Innenstadt gingen 1966 mit der Entscheidung für den Bau einer zentralen Stadthalle mit Hotel zu Ende. Der neue zentrale Platz in Karl-Marx-Stadt, wie die Stadt von 1953 bis 1990 hieß, der auch unter dem Gesichtspunkt von politischen Großdemonstrationen eine wichtige

Rolle erhielt, sollte einen öffentlichen Bau erhalten und architektonischer wie kultureller Mittelpunkt der Stadt werden.
Der Chemnitzer Architekt Rudolf Weißer entwarf 1969 eine Anlage mit zwei Sälen, Restaurants und einem Troparium, die über ein Foyer und ineinander übergehende Raumfolgen verbunden sind.
Die Fassaden bestehen aus dem regional typischen Porphyr sowie aus Beton und Glas. Die sechseckige Form des großen Saales ist deutlich ablesbar und mit den weißen, plastischen Betonelementen verkleidet, die von Hubert Schiefelbein entworfen wurden. Auch im Innern finden Natursteine Verwendung. Zahlreiche Kunstwerke, darunter ein großes Wandbild von Horst Zickelbein und eine Bronzeplastik von Fritz Cremer im Foyer, schmücken das Gebäude. Heute wird die Stadthalle noch immer als zentrales Kultur- und Kongresszentrum genutzt. Der von dem Gartenarchitekten Karl Wienke geschaffene Park wurde jüngst wiederhergestellt.
Das Hotel, das mit 28 Geschossen das höchste Gebäude der Stadt ist, orientiert sich zur Mühlenstraße hin. An einen Treppen- und Fahrstuhlturm legt sich das Bettenhaus, dessen Zimmer leicht schräg im Fischgratmuster angeordnet sind. Nach Übernahme durch die Mercure-Gruppe wurde das Hotel 1994 bis 1997 von dem Architekten Peter Koch umgebaut.

---

28 | 29

PERFORMANCEKÜNSTLERIN

NOTARIAT
Neefestraße 23

---

30 | 31

VILLA AM FELDSCHLÖSSCHEN
Am Feldschlösschen 16
Architekt: Wenzel Bürger
Bauzeit: 1907 – 1908
Die Villa am Feldschlösschen erbaute der Chemnitzer Architekt im äußersten Westen des Kaßbergviertels. Sie war der Wohnsitz des Besitzers der benachbarten Feldschlösschen-Brauerei, die 1868 gegründet worden war. Die heute noch existierende Brauerei firmiert unter dem Namen Braustolz. Das im Jugendstil errichtete zweigeschossige Wohnhaus erhebt sich über einem mit Naturstein verkleideten Sockel und hat ein Mansarddach. Die neuen Besitzer, das Ehepaar Hueber, führen ein offenes Haus der Chemnitzer Gesellschaft. Seit 1998 finden in dem denkmalgeschützten Bau Konzerte und Lesungen statt.

SCHAUSPIELERIN

---

32 | 33

VILLA AM FELDSCHLÖSSCHEN / GARTEN
➔ S. 30

KUNSTSAMMLERIN

---

34 | 35

KASSBERG-VIERTEL
Das westlich des Stadtzentrums gelegene Kaßberg-Viertel ist eines der größten in sich geschlossenen Gründerzeit- und Jugendstilviertel Europas.
Es wird von der Limbacher Straße im Norden, dem Kappelbach im Süden und der Hohen Straße auf der Ostseite begrenzt. Die 1870 angelegte Kaßbergauffahrt, die die Chemnitz überbrückt, stellte die direkte Verbindung mit der Stadt her und förderte die bauliche Entwicklung. Neben einigen Kirchen und öffentlichen Einrichtungen sind es vor allem die noblen Wohnhäuser, die das Viertel als Domizil des gehobenen Bürgertums bis heute prägen. Die Gebäude sind durchweg gut erhalten und präsentieren sich, nach Restaurierungen und Modernisierungen, in all ihrer gestalterischen Vielfalt.

Sebastian-Bach-Straße 24 (oben links)
Villa am Feldschlösschen (oben rechts) ➔ S. 30
Ricarda-Huch-Straße / Gustav-Adolf-Straße (unten l.)
Ulmenstraße 16 (unten rechts)

VILLA KOERNER
Beyerstraße 25
Architekt: Henry van de Velde
Bauzeit: 1913 – 1914
Umbau: Peter Apfel 2001 – 2002
Der Unternehmer Theodor Körner beauftragte Henry van de Velde mit dem Bau eines Wohnhauses auf dem Grundstück seiner Tintenfabrik Beyer. Ähnlich wie bei der Villa Esche ➔ S. 46, deren Bauherr Herbert Esche der Schwager von Körner war, liegt in der Mitte des Gebäudes eine über beide Geschosse reichende Halle mit farbigem Glasdach und einer Galerie, um die die Räume gruppiert sind.
Der kompakte Baukörper der Villa Körner zeigte allerdings viel sachlichere Züge.
Nach Kriegszerstörungen wurde der Bau vereinfacht wieder aufgebaut. 2002 wurden die Restaurierungsarbeiten abgeschlossen, die u. a. im Inneren die Wiederherstellung des Treppenhauses und der Halle beinhalteten. Am Außenbau wurden die charakteristische Dachform, die Farbigkeit und die Grundstücksmauer wiederhergestellt.

---

36 | 37

ARCHITEKT

KASSBERG
Ulmenstraße 16

---

38 | 39

WARTBURGHOF
Am Wartburghof / Wartburgstraße
Architekt: Max Werner Feistel, Kurt Pötzsch
Bauzeit: 1926 – 1928
Die Wohnanlage Wartburghof im südöstlichen Stadtteil Bernsdorf steht stellvertretend für die Bemühungen nach dem Ersten Weltkrieg, die Wohnsituation in der Stadt zu verbessern. Hier waren es besonders die städtischen Baugesellschaften, aber

auch privat und genossenschaftlich organisierte Bauvereine, die eine Vielzahl von Siedlungen in jenen Stadtteilen errichtet haben, die meist erst wenige Jahre zuvor von der Stadt Chemnitz eingemeindet worden waren.
Der Wartburghof der Chemnitzer Architekten Feistel und Pötzsch ist ein Beispiel für den innerstädtischen Wohnungsbau. Viergeschossige Blöcke entlang der Straße, die insgesamt 400 Wohnungen aufnehmen, umschließen einen zentralen und begrünten Hof. Zwei gegenüberstehende, mit Klinkerbändern horizontal gegliederte kubische Bauteile, die ursprünglich durch Arkaden verbunden waren, verbinden mit ihren runden Erkern Straße und Hof. Unterschiedliche Fassadengestaltungen und Materialien zeugen vom hohen baukünstlerischen Anspruch und nehmen der großen Anlage die Strenge.

AN DEN SCHLOSSBERGTERRASSEN

Salzstraße 66
Architekt: Peter Apfel mit Architekturbüro L 33
Bauzeit: ab 2001
An exponierter Stelle, in leichter Hanglage und mit Blick auf den Schönherrpark, wird eine neue Wohnanlage am nördlichen Rande des Stadtzentrums errichtet. Geplant sind insgesamt 16 Häuser, die als Einzel-, Doppel- und Reihenhäuser locker auf dem terrassierten Grundstück stehen. Die rotgefassten Fassaden werden von den unregelmäßig sitzenden Fenstern mit Sonnenschutz rhythmisiert, das schräge Pultdach nimmt die Neigung des Geländes auf. Der Chemnitzer Architekt Peter Apfel hat in Zusammenarbeit mit dem Berliner Büro L 33 ein Grundmodul eines Wohnhauses entworfen, das aus einem Keller und drei Wohngeschossen mit Dachterrasse besteht. Je nach Wunsch der Bewohner kann die Innenaufteilung individuell gestaltet werden. Die Wohnanlage knüpft an die auch in Chemnitz reiche Siedlungstätigkeit der zwanziger Jahre an und verbindet klare, puristische Formen mit größtmöglicher Variation.

40 | 41

VILLA AM KESSELGARTEN

Kesselgarten 3
Architekt: Max Werner Feistel
Bauzeit: 1926–1929
Mit seinem eigenen Wohnhaus am Schlossberg schuf der Architekt einen Bau, der in Chemnitz am deutlichsten die Klassische Moderne widerspiegelt. Als sein eigener Bauherr konnte Feistel hier seine architektonischen Vorstellungen frei umsetzen. Zugleich diente das Gebäude als Musterhaus, mit dem er für die Moderne und für sich als Architekt warb. Die Straßenfront des hellen, kubischen Baus mit Flachdach wird von dem runden Treppenhaus dominiert, das bis auf die Dachterrasse führt. Die Glasbausteine und die zarten Stahlsäulen des runden Vordaches deuten an, dass Feistel mit verschiedenen Materialien experimentierte. Die Konstruktion wurde zeitgemäß im Stahlskelettverfahren ausgeführt, das ein schnelles und kostengünstiges Bauen ermöglichte. Dank privaten Engagements konnte der Bau bis heute erhalten werden.

SCHÜLERIN

BAUTEN DER ZWANZIGER JAHRE

42 | 43

FRIEDRICH AUGUST WILHELM DIESTERWEG-SCHULE (oben links)

Kreherstraße 101 / Sachsenring
Architekt: Friedrich Wagner-Poltrock
Bauzeit: 1930
Der Neubau der nach dem Pädagogen benannten Diesterweg-Schule gehört zu den bedeutenden Bauten der Klassischen Moderne. Für die Grundschule im östlichen Stadtteil Gablenz, in dem zahlreiche neue Wohnsiedlungen angelegt wurden, war 1927 ein Wettbewerb ausgeschrieben worden. Wagner-Poltrock entwickelte einen zweiflügeligen Bau mit einem Sporthallentrakt auf der Gartenseite und einem lang gezogenen, dreigeschossigen Flügel mit den Klassenzimmern an der Straßenseite. Der höhere Kopfbau wendet sich zur Straßenkreuzung hin. Er ist aus ineinander geschobenen Kuben zusammengesetzt und nimmt den Eingang mit Kolonnade auf. Darüber liegt die Aula, deren großes Fenster sich aus 50 kleinen quadratischen, mit farbigem Glas ausgeschmückten Fenstern zusammensetzt. Verschiedene Motive wie der turmartige Aufbau mit Dachterrasse, Fensterbänder, Bullaugen und der helle Putz waren damals häufig verwendete Motive aus der Schiffsarchitektur.

STADTSPARKASSE (oben rechts)

Falkeplatz / Zwickauer Straße
Architekt: Fred Otto
Bauzeit: 1928–1930
Der Stadtbaurat Fred Otto, unter dessen Ägide die Moderne in Chemnitz Einzug hielt, errichtete das Sparkassengebäude am Falkeplatz. Das Grundstück bot wegen seiner spitzwinkeligen Lage zwischen Stollberger und Zwickauer Straße und dem unterschiedlichen Bodenniveau schwierige Voraussetzungen. Otto setzt an die Spitze einen 30 Meter hohen Kubus, der zum lang gestreckten Platz eine stadträumliche Dominante bildet. Ein umlaufendes Vordach und ein Sims leiten optisch um die scharfen Ecken. Unterschiedlich große Fenster und ein Balkon im fünften Obergeschoss beleben den Bau. Die strenge Wirkung wird durch die Verkleidung aus Muschelkalkstein erzielt. Dem Straßenverlauf folgen die beiden Flügel, die die Kassenhalle einschließen.

VERWALTUNGSGEBÄUDE DER WASSERWERKE (unten links)

Theresenstraße 13
Architekt: Hochbauamt unter Fred Otto
Bauzeit: 1926–1928
Für die städtischen Wasserwerke entwarf der Architekt, zu dessen Aufgaben als Stadtbaurat auch

Bauten für die Infrastruktur gehörten, das große Verwaltungsgebäude. Die fünfgeschossige, schmucklose Hauptfassade ist leicht gebogen und wendet sich zum gegenüberliegenden Park. Der Bau ist durch die unterschiedlichen Fensterformen gegliedert. Die weißen Fensterrahmen stehen in einem kräftigen Kontrast zu den dunkelroten Klinkersteinen der Fassade. Die Eingänge und Fenster im Sockelgeschoss erhalten schmückende Rahmen aus Keramik. Ottos funktionaler Bau dient auch heute noch der Verwaltung der Wasserwerke in Südsachsen.

LANDGERICHT (unten Mitte)
Hohe Straße 23
Architekt: Oskar Kramer, Ernst Dutzmann
Bauzeit: 1927 – 1928
Die Architekten fügten einen Neubau an das alte Gerichtsgebäude an, da die von 1879 stammende große Anlage, zu der auch eine Haftanstalt gehört, zu eng geworden war. Der L-förmige Grundriss des fünfgeschossigen Gebäudes mit Klinkerfassade folgt dem Verlauf der Hohen Straße. In den Winkel des im sachlichen Stil gehaltenen Gebäudes setzten die Architekten das Treppenhaus mit dem Eingang. Dieser erhielt eine Fassung mit der bekrönenden Figur einer Justitia und der Darstellung einer Familie an den seitlichen Türfassungen. Die Hohe Straße, die hoch über der Chemnitz die östliche Begrenzung des Kaßberg-Viertels darstellt, ist mit öffentlichen Einrichtungen und Verwaltungsgebäuden sowie mit einigen Villen bebaut.

BERUFLICHES SCHULZENTRUM (unten rechts)
Park der Opfer des Faschismus 1
Architekt: Friedrich Wagner-Poltrock
Bauzeit: 1925 – 1928
Die Industrieschule ist ein herausragendes Beispiel expressionistischer Architektur. Der Bau erhebt sich über einem symmetrischen Grundriss, der sich aus dem viergeschossigen Klassentrakt und zwei abgewinkelten Flügeln zusammensetzt. Aus der Achse verschoben, ist der hohe Trakt, der den Eingang und die darüber liegende Aula aufnimmt, an den höchsten Punkt des leicht abfallenden Geländes gesetzt. Die Vor- und Rücksprünge des Gebäudes werden ebenso zu Gestaltungselementen wie die dreieckigen Wandpfeiler. Weiße Fensterrahmen kontrastieren mit der dunkelroten Klinkerfassade. Der Eingang ist mit kubistischer Baukeramik gefasst, über ihm schwebt die sechs Meter große, kraftvoll-pathetische Figur des »Gefesselten Deutschen« von Heinrich Brenner.
Die 1928 eingeweihte Schule hatte zeitweilig über 5 000 Schüler. Nach dem Krieg wurde die zerstörte Aula in einfachen Formen erneuert. Die ebenfalls 1945 zerstörte Werkstatt entstand 1997 neu. Die bis heute gültigen Ausbildungen in den Berufen der Elektro-, Metall- und Kommunikationstechnik zeigen, dass diese seit dem 19. Jahrhundert traditionellen Bereiche des Maschinenbaus weiterhin einen hohen Stellenwert in der Stadt besitzen.

AOK-VERWALTUNG (S.43)
Müllerstraße 41
Architekt: Curt am Ende
Bauzeit: 1930 – 1932
Der bekannte Chemnitzer Architekt Curt am Ende errichtete das dreiflügelige Verwaltungsgebäude für die Allgemeine Ortskrankenkasse in unmittelbarer Nähe zum Schlossberg. Im Stil der Neuen Sachlichkeit gestaltete er die kubischen Baukörper mit horizontalen Gliederungen und Flachdächern. Zentraler Blickpunkt ist der halbrunde Eingangsbereich, der zu der lang gestreckten, hohen Schalterhalle im Innern führt. Über dem Eingang liegt der zweigeschossige Sitzungssaal. Ungewöhnlich ist die Verkleidung des gesamten Gebäudes mit rötlichen Porphyrplatten, die aus dem nördlich von Chemnitz gelegenen Rochlitz stammen. 1994 wurde an der Südseite ein Erweiterungsbau angefügt ➔ S. 87.

---

44 | 45

VORSTANDSVORSITZENDER

HOCHHAUS AM ROSENHOF
Rosenhof/Theaterstraße
Architekt: Kollektiv unter der Leitung von Rudolf Weißer
Bauzeit: 1965 – 1966
Das Hochhaus am Rosenhof entstand im Zuge der Rekonstruktion des Innenstadtbereiches westlich des Marktplatzes. Die historische Verbindung zwischen Markt und Rossplatz wurde ab 1961 mit Wohn- und Geschäftsbauten als Fußgängerzone ausgebildet. 1966 errichtete der Chemnitzer Architekt Rudolf Weißer das fünfzehngeschossige Hochhaus als westliche Begrenzung des Zentrums und »Point de vue« vom Marktplatz aus. Das in Plattenbauweise konstruierte Gebäude nimmt 196 Einzimmerwohnungen auf. An der Schmalseite liegen die Fahrstühle und das Treppenhaus.

---

46 | 47

VILLA ESCHE (HENRY VAN DE VELDE-MUSEUM)
Parkstraße 58
Architekt: Henry van de Velde
Bauzeit: 1902 – 1903, 1911
Mit dem 1902 entworfenen Wohnhaus für den Textilunternehmer Herbert Esche schuf Henry van de Velde, der als Maler, Kunstgewerbler und Theoretiker maßgeblich an der Entwicklung des Jugendstils beteiligt war, seinen ersten Bau in Deutschland. 1911 wurde das Haus nach seinen Plänen erweitert, ebenso die zweigeschossige Remise.
Um einen zentralen Lichthof im Innern gruppieren sich die einzelnen Räume auf zwei Hauptgeschossen. Der Außenbau wird durch das lebendige Miteinander der horizontalen Balkone und Terrassen, der vertikalen Stützmauern und der vielfältigen handwerklichen Details bestimmt. Der ockerfarbene Putz, die blauen Balkone und Fenster sowie der rötliche Porphyr der Gliederungselemente ergeben einen

harmonischen Farbklang. Van de Velde gestaltete, ganz im Sinne eines Gesamtkunstwerks, die Gartenanlagen sowie die Innenräume und deren Ausstattung. Erhalten ist auch das Speisezimmer mit den Porträts der Vorfahren Esches.
Nach dem Zweiten Weltkrieg wurde die Villa Esche von der Militärkommandantur, der Staatssicherheit und der Handwerkskammer genutzt. Seit 1989 stand sie leer, ehe sie durch die aufwendige Restaurierung ab 1998 vor dem Verfall gerettet werden konnte. Seit 2001 beherbergt die Villa Esche das Van de Velde-Museum.

---

48 | 49

STADTVERORDNETENSAAL (NEUES RATHAUS)

Markt 1

Glanzpunkt des 1911 vollendeten Neuen Rathauses → S.79 ist das Gemälde des bekannten Leipziger Künstlers Max Klinger im Saal der Stadtverordneten. An der Kopfseite des zweigeschossigen Saales hängt das 3,75 mal 13,50 Meter große Bild mit dem Titel »Arbeit – Wohlstand – Schönheit«. Es ist die letzte große malerische Arbeit Klingers, der 1920 starb. Auf dem horizontal dreigeteilten Gemälde, das antike Mythologie mit zeitgenössischen Motiven verbindet, wird die Schönheit durch neun tanzende Musen und Aphrodite versinnbildlicht. Die Hafenstadt mit Schornsteinen im Hintergrund verkörpert den Wohlstand, während die Schiffe und die eiserne Brücke im Mittelgrund die Arbeit darstellen.
Sie ist Grundlage allen Wohlstandes, der Kultur und Schönheit erst ermöglicht: Die Industriestadt Chemnitz wird zum Hort der Musen.

STADTBAD / FOYER

Mühlenstraße 27
Architekt: Fred Otto
Bauzeit: 1929 – 1930, 1934 – 1935
Umbau: Kollektiv unter der Leitung von Fritz Rößner 1981 – 1983

Das Chemnitzer Stadtbad ist ein herausragendes Bauwerk der modernen Architektur der zwanziger Jahre. Wie anderswo auch, wurde hier ein ehemaliges Industriegelände neu bebaut. Die Größe, die architektonische Gestaltung und die Lage waren Ausdruck der politisch motivierten Intention, den Ausbau von Gemeindeeinrichtungen zu fördern.
Der Bau setzt sich aus unterschiedlich großen, weißen Kuben zusammen, die verschiedene Funktionen besitzen. Über den Vorplatz, der von einem Wohnhaus und der Lehrschwimmhalle umfasst wird, betritt der Gast die repräsentative Eingangshalle, die, wie auch die Schwimmhallen, mit keramischen Fliesen verkleidet ist. Hier schließt sich auf zwei Etagen die Bäderabteilung an. Dominiert wird der Bau von der großen Schwimmhalle mit ihrer beeindruckenden Oberlichtkonstruktion. Mit den Bauarbeiten wurde 1929 begonnen, diese mussten aber wegen der Wirtschaftskrise 1930 eingestellt werden. Obwohl der geplante Bau mit seiner modernen Formensprache nicht dem Stil der nationalsozialistischen Architektur entsprach, wurden die Arbeiten 1934 unverändert fortgeführt. 1935 wurde das Bad als eines der modernsten und größten in Europa eröffnet. 1981 bis 1983 baute der Chemnitzer Architekt Fritz Rößner das unter Denkmalschutz stehende Bad um.

---

50 | 51

SCHWIMMHALLE (STADTBAD)

→ S.49

---

52 | 53

EHEMALIGES WILHELM-PIECK-FORUM

Brückenstraße / Karl-Liebknecht-Straße
Architekt: Wolfgang Sehm, Albrecht Bauer
Bauzeit: 1979 – 1983

Das ehemalige »Haus der Staatsorgane und der Partei«, vor dem das Karl-Marx-Denkmal steht, wurde 1977 an der Westseite erweitert.
Mit seiner Zickzackform steht es in städtebaulicher Beziehung zum gegenüberliegenden Hotelturm. → S.26/27 Auf der Rückseite des Verwaltungsgebäudes wurde nach Plänen von Sehm und Bauer bis 1983 das Wilhelm-Pieck-Forum gebaut. Im Zentrum steht der oktogonale Sitzungssaal, der über einen zweigeschossigen Anbau mit dem Hauptbau verbunden ist. Die Innengestaltung des Saales wie auch der anderen Räume stammt von Christoph Arnhold.

HOTEL CHEMNITZER HOF / SPIEGELSAAL

Theaterplatz 4
Architekt: Heinrich Straumer
Bauzeit: 1928 – 1930

1925 wurde auf Initiative von Chemnitzer Unternehmern ein Wettbewerb ausgelobt. Der erste Preis ging an den Stuttgarter Architekten Paul Bonatz. Es wurde jedoch der zweite Preisträger Heinrich Straumer, ein gebürtiger Chemnitzer und in Berlin tätiger Architekt, mit dem Bau beauftragt. Straumer nahm viele Elemente von Bonatz in seine Planungen auf.
Der kantig-kubische Bau ist mit Elbsandstein verkleidet und hat vier nahezu identische Fassaden, die streng symmetrisch gestaltet sind. Am Theaterplatz ist dem Hotel ein Restauranttrakt und eine Terrasse vorgestellt. Der Haupteingang liegt an der Straße der Nationen und führt in die zentrale Halle mit Oberlicht. Die originale Innenraumgestaltung ist heute nur noch an wenigen Stellen, so teilweise im Spiegelsaal, erhalten. In den 1980er-Jahren erfolgte eine Modernisierung des Interhotels. 1994 wurde es erneut umgebaut und erhielt eine neue Ausstattung.

54 | 55

OPERNHAUS

Theaterplatz
Architekt: Richard Möbius
Bauzeit: 1906 – 1909
Wiederaufbau: Walter Henn, Karl Wilhelm Ochs 1949 – 1951
Umbau: Günter Hauptmann, Jochen Krüger, Karl-Heinz Barth 1988 – 1992

Als Neues Stadttheater wurde das heutige Opernhaus 1909 eröffnet. Richard Möbius hat es gemeinsam mit dem Museum entworfen und errichtet. Es schließt die westliche Platzseite und dominiert den Theaterplatz ➔ S. 66/67. Das im neobarocken Stil errichtete Gebäude weist mit seinem säulengeschmückten, überkuppelten Vorbau stark repräsentative Züge auf. An dem Außenbau sind die im Innern aufeinander folgenden Bereiche ablesbar: Nach dem Eingang kommen axial das Halbrund des Zuschauerraumes und schließlich der erhöhte Bühnenraum. Nach seiner Eröffnung stand das Theater im Mittelpunkt des gesellschaftlichen Lebens, vor allem unter der Intendanz von Richard Tauber sen., dem Vater des berühmten Tenors. 1925 folgte die offizielle Umbenennung in Opernhaus. Im März 1945 wurde das Innere des Theaters durch Bomben zerstört. 1949 bis 1951 erfolgte der Wiederaufbau des Zuschauerraumes, der Bühne und der Technik in einfachen Formen. Bis 1988 wirkte hier der bekannte Operndirektor Carl Riha. In die 1988 begonnenen Sanierungs- und Modernisierungsarbeiten fiel die Wiedervereinigung, die den Einbau modernster Bühnentechnik ermöglichte.
Die Architekten Hauptmann, Krüger und Barth, die bis 1992 den Umbau leiteten, schufen ein überzeugendes, modernes Gebäude. Zahlreiche international beachtete Wagnerinszenierungen, aber auch moderne Stücke kommen heute hier zur Aufführung.

VOLKSWAGEN SACHSEN

Kauffahrtei 47

1992 wurde der Grundstein für das moderne Motorenwerk des Volkswagen-Konzerns in Chemnitz gelegt. Hier werden täglich 3400 der Benzin sparenden 3- und 4-Zylinder-Motoren hergestellt und an alle anderen Werke und Unternehmen von VW geliefert. Darüber hinaus werden hier seit 1995 Teile für Motoren mit der Vierventiltechnik produziert. VW ließ bereits seit 1988 Motorenteile in Chemnitz herstellen. Mit der Wende 1989/90 engagierte sich Volkswagen zuerst in Zwickau, später in Chemnitz und auch in Dresden. So konnte die seit 1900 bestehende große Tradition des Automobilbaus in Sachsen fortgeführt werden. 1932 hatten sich die Chemnitzer Wanderer-Werke, DKW, Horch und Audi zur Auto-Union zusammengeschlossen. Genutzt wird auch weiterhin dieser historische Standort in Helbersdorf im Süden der Stadt. Mit rund 7000 Mitarbeitern ist VW einer der größten Arbeitgeber in Sachsen.

56 | 57

DRUCKHAUS FREIE PRESSE

Winkelhofer Straße
Architekt: Ulrich Heiken + Partner
Bauzeit: 1993

Die langen Produktionsstraßen und großen Druckmaschinen des neuen Druckhauses der Chemnitzer Verlag und Druck GmbH sind in einem technizistischen Gebäude mit Metall- und Glasfassaden untergebracht. Seine blockhafte Erscheinung mit vier hoch aufragenden Aufbauten trägt die Funktion des Gebäudes nach außen. Das Verlagshaus publiziert auch die »Freie Presse«, die auf eine lange und bewegte Geschichte zurückblicken kann. Erstmals kam sie 1871 als »Chemnitzer Freie Presse« im Zuge erster Arbeiterkämpfe im Deutschen Reich heraus. Seit Januar 1990 erscheint sie als unabhängige Tageszeitung.

FESTIVAL BEGEGNUNGEN

➔ S. 60

58 | 59

ROLLSCHUHLÄUFER

TECHNISCHE UNIVERSITÄT (ERWEITERUNGSBAU)

Straße der Nationen 62/Georgstraße
Architekt: Kurt Wittlinger
Bauzeit: 1952 – 1954

Der historische Böttcher-Bau der TU Chemnitz, 1877 eingeweiht und nach dem Direktor der damaligen Technischen Staatslehranstalten Eduard Theodor Böttcher benannt, wurde 1952 von Wittlinger erweitert. Der neue Flügel entlang der Georgstraße nimmt auch heute noch Labor- und Institutsräume, eine Versuchshalle der Fakultät für Maschinenbau und das nach dem Pharmazeuten Julius Adolph Stöckhardt benannte Auditorium ➔ S. 82 auf. Die einfache Innengestaltung des Stahlskelettbaus im typischen Stil der fünfziger Jahre ist besonders an der schlanken Wendeltreppe erkennbar.

60 | 61

FESTIVAL BEGEGNUNGEN

Das Festival »Begegnungen« ist ein fester Bestandteil im jährlichen Kulturkalender und findet im Oktober an verschiedenen Orten in Chemnitz statt. Spielorte sind neben dem Opernhaus ➔ S. 54 und der Stadthalle ➔ S. 26/27 auch ungewöhnliche Räumlichkeiten wie Druckereien, Industriekomplexe und Autohäuser. Zur Aufführung kommen verschiedene musikalische Stücke, experimentelle Musik ebenso wie klassischer Tango. Das Eröffnungskonzert 2002 bestritt der bekannte Pianist Joachim Kühn, in dessen Komposition sechs Autos zu den »Instrumenten« zählten. Aufführungsort war die »Kulturfabrik Schönherr«. Louis Schönherr war 1852 der Gründer der Sächsischen Webstuhlfabrik, einst eines der bedeutendsten Unternehmen in Chemnitz. Seit dem Umbau 1998 beherbergt es auch die Kulturfabrik.

ERMAFA-PASSAGE / SPIELECENTER
Reichsstraße 58 – 60 / Hartmannstraße

Die jüngst umgebauten alten Gebäude der denkmalgeschützten ERMAFA-Passage, in denen auch das Spielecenter »Megaplay« liegt, ist ein Beispiel der gelungenen Umwidmung ehemaliger Fabrikanlagen zu gewerblichen Zwecken. Auf diesem Gelände stand seit 1838 die Textil-, Dampf- und Druckmaschinenfabrik des Unternehmers Carl Gottfried Haubold. Neben der etwas älteren Fabrik seines Cousins Carl Gottlieb Haubold zählte sie zu den ersten und bedeutendsten in Chemnitz. Die heute noch bestehenden Bauten, darunter auch die Montagehalle mit Rundbogenfenstern an der Hartmannstraße, stammen aus der Zeit um 1900. 1917 entstand nach Plänen von Hugo Duderstädt an der Reichsstraße der viergeschossige, hohe Neubau, der in den Folgejahren von Rümmler und Mehnert mehrfach erweitert wurde. 1996 sind die Bauten durch das Büro Archplan aus Regensburg für die neuen Nutzungen umgebaut worden. Der Name der Passage leitet sich von der einstigen Bezeichnung VEB ERste MAschinen FAbrik Chemnitz ab.

SÄCHSISCHES INDUSTRIEMUSEUM
Zwickauer Straße 119
Bauzeit: 1907
Umbau: Charly Pauli, Peter Wermund 1999 – 2002
Das Sächsische Industriemuseum öffnete neu im April 2003 seine Pforten. Der lang gehegte Wunsch nach einem Museum, das die Geschichte der Industriestadt Chemnitz darstellt, erhielt durch die Gründung des Fördervereins 1990 eine entscheidende Wendung. Nach dem ersten Standort in der Annaberger Straße konnte ein angemessenes Domizil an dem historischen Industriestandort Zwickauer Straße bezogen werden. Für diese neue Nutzung wurden ab 1999 die alten Gießereihallen der H. & A. Escher AG von 1907 durch die Berliner Architekten hergerichtet und durch neue Ausbauten ergänzt. Das Eingangsgebäude wird von der Verwaltung in den ehemaligen Bürogebäuden und den vier tonnenüberwölbten Ausstellungshallen entlang der Zwickauer Straße flankiert. Die einfachen Backsteinfassaden sind durch grünglasierte Fensterbrüstungen aufgelockert.

62 | 63

ARBEITSRÄUME

TECHNISCHE UNIVERSITÄT / ZENTRUM FÜR MIKROTECHNOLOGIEN (oben links)
Reichenhainer Straße 70

Das 1991 gegründete Zentrum für Mikrotechnologien ist Teil der Fakultät für Elektro- und Informationstechnik. Die Grundlagenforschung und Anwendung auf den Gebieten der Mikroelektronik, Mikromechanik und Mikrosystemtechnik geschieht in enger Kooperation mit anderen Fakultäten der TU, dem Fraunhofer Institut für Zuverlässigkeit und Mikrointegration sowie der Industrie aus Europa und Übersee. In den verschiedenen Rein- und Reinsträumen, die durch besondere Vorrichtungen eine extrem staubfreie Umgebung bieten, werden die winzigen elektronischen Bauteile, meist aus Siliziumscheiben, gefertigt. Dargestellt ist die Anlage (»spin coater«) zur Beschichtung von Siliziumscheiben mit dünnsten Isolatorschichten.

PHLATLINE (oben Mitte)
Schönherrstraße 8

Das Musiklabel Phlatline hat seinen Sitz in den alten Fabrikanlagen der Schönherr'schen Webstuhlfabrik von 1852. Phlatline arbeitet in den Bereichen der zeitgenössischen elektronischen Musik, Hip-Hop und Reggae. Es produziert neben den neuesten Kompositionen auch Radiosendungen und Konzerte. Darüber hinaus ist Phlatline eng mit dem bedeutenden Musikfestival »Splash« ➔ S. 110 verbunden.

AUSSTELLUNGSAUFBAU (unten links)
Dargestellt ist die intensive Vorbereitung der großen Ausstellung »Picasso et les femmes« in den Kunstsammlungen Chemnitz 2002/03 ➔ S. 100/101. Restaurator und eine Leihgeberin der Ausstellung untersuchen ein Bild auf seinen Zustand, bevor es gehängt wird.

TONSTUDIO (oben rechts)
Max-Planck-Straße 40

Die Firma »tyton records« produziert in ihren Aufnahmeräumen für verschiedene Audiobereiche Radio-, Kino- und TV-Spots sowie Musik aus fast allen Sparten.

RESTAURIERUNGSWERKSTATT DER KUNSTSAMMLUNGEN CHEMNITZ (unten rechts) ➔ S. 100/101

64 | 65

AN DER BRÜCKENSTRASSE ➔ S. 75 – 78

66 | 67

STADTFEST
Seit 1995 findet im Spätsommer das jährliche Chemnitzer Stadtfest statt. An mehreren Tagen werden auf verschiedenen Bühnen und Festplätzen im Stadtzentrum zwischen Theaterplatz, Straße der Nationen, Brückenstraße, Stadthalle, Markt und Rosenhof zahlreiche Veranstaltungen angeboten. Die vielen Besucher aus Chemnitz und Umgebung können Konzerte und Theateraufführungen wahrnehmen, Tanzpräsentationen animieren zum Mitmachen, es werden Umzüge und Modenschauen veranstaltet, es gibt ein Riesenrad und Autoscooter, Kinder werden mit einem großen Programm unterhalten. Viele sportliche Aktivitäten, darunter auch der traditionelle Staffellauf der Chemnitzer Schüler, bereichern das Stadtfest. Neben Spaß und

Unterhaltung werden natürlich auch kulinarische Leckerbissen verkauft. Den Abschluss des Festes bildet ein großes Feuerwerk.

68 | 69

AM SCHLOSSTEICH / TIERPARK

70 | 71

ZENTRALHALTESTELLE

Bahnhofstraße / Rathausstraße
Architekt: Helmut Jahn
Bauzeit: 1999 – 2000

Die neue Zentralhaltestelle entstand zusammen mit der Errichtung der Galeria Kaufhof ➔ S. 72 nach Plänen des deutsch-amerikanischen Architekten Helmut Jahn. An der Straßenkreuzung Bahnhof/Ecke Rathausstraße werden zahlreiche Bus- und Straßenbahnlinien des Ring- und Radialverkehrs gebündelt, die die Außenbezirke mit dem Zentrum verbinden. Die Haltestellen der wichtigsten Umsteigestation des städtischen Nahverkehrs sind mit langen Flugdächern aus Metall gedeckt. Digitale Anzeigesysteme vermelden die jeweiligen Abfahrtszeiten.

72 – 74

BLICK VOM HOHEN TURM (ALTES RATHAUS)

Als mit dem Marktprivileg 1143, nur wenige Jahre nach der Klostergründung auf dem Schlossberg, die Stadt Chemnitz zum ersten Mal urkundlich erwähnt wurde, entwickelte sich der Marktplatz zum Mittelpunkt der Stadt. Als Ausdruck des bürgerlichen Selbstverständnisses wurde hier an den mittelalterlichen »Hohen Turm« 1496 bis 1498 der große Rathausneubau gesetzt. An der Marktplatzfassade wurde der Saigerturm von 1446 in den Bau integriert. Den verschiedenen Umgestaltungen um 1618 und 1882 folgte nach den Kriegszerstörungen der Wiederaufbau 1947 bis 1951. Der Hohe Turm wurde 1986 rekonstruiert. Im linken Bild ist das Neue Rathaus mit seinem Turm zu erkennen ➔ S. 79. Die Bildmitte zeigt den Neubau der Galeria Kaufhof, die von dem gebürtigen Nürnberger Architekten Helmut Jahn entworfen wurde, der seit 1967 in Chicago arbeitet und heute zu den weltweit agierenden Stararchitekten zählt. Das Gebäude bildet die südliche Begrenzung des Neumarktes und ist wesentlicher Bestandteil der Rekonstruktion des Chemnitzer Zentrums.
Die ersten Ansätze wurden in einem städtebaulichen Wettbewerb von 1991 formuliert, der eine Bebauung des weitgehend leeren Gebietes zwischen Stadthalle, Hauptpost, Rathaus und der Bahnhofstraße zur Aufgabe hatte. Die Wettbewerbsergebnisse und die folgenden Planungen reichten von der kompakten Überbauung durch ein großes Gebäude über die lockere Bebauung mit unterschiedlich geformten Baumassen bis zur Wiederherstellung der historischen, kleinteiligen Struktur mit einzelnen Blöcken. Die Galeria Kaufhof nimmt etwa die Hälfte des Blockes ein und ist mit dem südlichen, an der Bahnhofstraße liegenden, mehrgeschossigen Parkhaus durch eine überdachte Passage verbunden ➔ S. 87. Die Fassaden sind aus Glas und betonen die klare Kubatur des Gebäudes. Während die Glasfassaden am Tage die umgebenden Bauten wie das Rathaus widerspiegeln, erlaubt die nächtliche Innenbeleuchtung Einblicke in das Gebäude. Charakteristisch für Jahns Architektur sind die weit ausladenden Flugdächer aus Metall und Glas.

75 – 78

NACHTPANORAMA

Blick vom Hotel Mercure nach Südosten auf die Kreuzung Brückenstraße und Straße der Nationen. Zu DDR-Zeiten sollte hier das gesellschaftliche und politische Zentrum der Stadt entstehen. Am linken Bildrand ist das ehemalige Haus der Staatsorgane und der Partei ➔ S. 52 mit dem Karl-Marx-Denkmal zu erkennen. Der Entwurf des großdimensionierten Bronzekopfes stammt vom Moskauer Bildhauer Lew Kerbel. Im Hintergrund liegt die auch nach internationalem Standard beachtenswerte Bebauung der Straße der Nationen aus den Jahren 1960 bis 1964, deren städtebaulicher Entwurf von Werner Oehme stammt. Die Wohnbauten, die wie ein Kamm rechtwinklig zur Straße stehen, sind durch flache Geschäftshäuser miteinander verbunden. Den Mittelgrund nimmt das ehemalige Industriezentrum von 1966 ein ➔ S. 107, an das sich rechts die Hauptpost anschließt. Im Vordergrund ist der 2001 neu gestaltete Park der Stadthalle zu sehen.

79 – 81

NEUES RATHAUS / GALERIE ROTER TURM

Neumarkt

Dargestellt ist der Neumarkt mit dem Neuen Rathaus und dem Neubau der »Galerie Roter Turm«. Richard Möbius fügte 1907 bis 1911 das Neue Rathaus als Erweiterung an die Ostseite des Alten Rathauses an. Es zeigt frei gruppierte Baukörper mit historistischen Elementen und Jugendstilformen. Auf der rechten Seite ist das Center am Roten Turm erkennbar, benannt nach dem letzten erhaltenen Turm der mittelalterlichen Stadtbefestigung. Das neue Gebäude ist ein Teilergebnis der innerstädtischen Rekonstruktion nach 1990. 1998 wurde der Bau nach Plänen des Düsseldorfer Architekten Walter Brune begonnen. Die Fassade wurde jedoch nach Plänen des Berliner Architekten Hans Kollhoff gestaltet, der mit den Arkaden im Sockelgeschoss und den aufstrebenden, kleinteiligen Fensterpfeilern die berühmten Warenhäuser Berlins, Tietz und Wertheim, aus der Zeit um 1900 zitiert. Dahinter liegt die Baustelle des Kaufhauses Peek & Cloppenburg, das nach Plänen des Düsseldorfer Büros Ingenhoven, Overdiek und Partner realisiert wird. Das zwölfgeschossige Wohnhochhaus an der Theaterstraße im Hintergrund bildete nach den Planungen von 1960 einen städtebaulichen Blickpunkt in der Verlängerung der Inneren Klosterstraße.

82 | 83

TECHNISCHE UNIVERSITÄT/ STÖCKHARDT-AUDITORIUM ➔ S. 59

TECHNISCHE UNIVERSITÄT/NEUES HÖRSAALGEBÄUDE

Reichenhainer Straße 70
Architekt: gmp von Gerkan, Marg & Partner
Bauzeit: 1996 – 1997

Für die Technische Universität Chemnitz, die seit 1997 diesen Namen trägt und auf eine bis in das 19. Jahrhundert zurückgehende Geschichte zurückblicken kann, hat das renommierte Hamburger Architekturbüro gmp ein neues Hörsaalgebäude errichtet. Von den insgesamt vier Hörsälen, die über ein zentrales, verglastes Foyer erreichbar sind, ragt das Auditorium maximum mit 714 Plätzen weit über die Gebäudekante hinaus. Getragen wird es von vier kräftigen Wandscheiben. Ein Trakt, der 14 Seminarräume aufnimmt, umschließt den Bau an zwei Seiten. Kräftige Farben und unterschiedliche Materialien beleben den Bau.
Das Hörsaalgebäude befindet sich an einem südlich der Innenstadt gelegenen Standort, der seit Gründung der Hochschule für Maschinenbau 1953 für diese neuen Erfordernisse ausgebaut wurde. Der Vorläufer der späteren Universität war die bereits 1836 gegründete Königliche Gewerbeschule. Der historische Böttcherbau an der Straße der Nationen dient heute der Leitung. Kernbereich der Ausbildung an der TU sind auch heute noch die technischen Wissenschaftszweige, die Chemnitz so nachhaltig geprägt haben.

84 | 85

NEUE SYNAGOGE

Stollberger Straße 28
Architekt: Alfred Jacoby
Bauzeit: 2000 – 2002

Mit der Einweihung der Synagoge im Frühjahr 2002 erhielt die jüdische Gemeinde Chemnitz wieder ein Gebetshaus. Nachweisbar sind die ersten jüdischen Mitbürger erst um 1870. Schnell jedoch entwickelte sich eine Gemeindekultur mit Vereinen und einem Friedhof; 1899 schließlich konnte die Synagoge am Stephansplatz am Kaßberg eingeweiht werden. Mitte der 1920er-Jahre lebten in Chemnitz etwa 4 500 Juden, die sich rege am gesellschaftlichen Leben beteiligten. Während der nationalsozialistischen Pogrome am 9. November 1938 wurde auch die Synagoge zerstört. In der DDR entwickelte sich jüdisches Leben kaum: Trotz eines kleinen Gemeindehauses in der Stollberger Straße sank die Zahl der Mitglieder bis 1989 auf zwölf. Erst seit der Wiedervereinigung wächst die Gemeinde wieder, wie überall vor allem durch den Zuzug russischer Juden.
Die Stadt Chemnitz, aber auch das Land Sachsen sowie zahlreiche Spender ermöglichten die Finanzierung eines Synagogenneubaus. Nach dem Entwurf des Frankfurter Architekten Jacoby, von dem schon die Synagogen in Darmstadt und Kassel stammen, wurde in der Stollberger Straße die neue Synagoge, die zu beiden Seiten vom Gemeindehaus und der Bibliothek flankiert wird, errichtet. Das geschlossen wirkende, sich nach oben verbreiternde Oval wird durch den großen, senkrechten Fassadeneinschnitt und den Fensterkranz in Form einer Krone beleuchtet. Insgesamt bietet der Bau 220 Gläubigen Platz.

86 | 87

BAUTEN DER GEGENWART

RETTUNGSZENTRUM CHEMNITZ (links)

Schadestraße 17 / Aue
Architekt: Meerheim & Richter
Bauzeit: 1999 – 2000

Das neue Rettungszentrum Chemnitz, in unmittelbarer Nachbarschaft der Alten Feuerwache von 1906, dient den Rettungsfahrzeugen als logistische Basis im Stadtzentrum. Es wird vom Rettungszweckverband getragen, zu dem die Feuerwehr Chemnitz, das Rote Kreuz und der Arbeitersamariterbund gehören. Auf dem dreieckigen Grundstück platzierte der Architekt Andreas Richter einen auffälligen Bau: An die Spitze setzte er über einem roten Sockel die Verwaltung, daran schließt sich der hohe Treppenhausturm und die Fahrzeughalle mit darüber liegenden Mannschaftsräumen an. Das begrünte Flachdach kann als Erholungsbereich genutzt werden.

ERWEITERUNG DER AOK-VERWALTUNG (oben Mitte)

Müllerstraße 41
Architekt: Christoph Schneider-Marfels, Otto Bertermann, Schmidt-Schicketanz & Partner
Bauzeit: 1993 – 1994

An den Altbau der AOK-Verwaltung ➔ S. 43 wurde an der Südseite 1993/94 ein vierter Flügel angefügt, dessen leichte Krümmung und die Materialien Stahl, Aluminium und Glas dem Altbau etwas die Strenge nehmen. Er wurde von den Architekten Schneider-Marfels und Bertermann entworfen. 1995 erhielten sie für diesen zeitgenössischen, aber zurückhaltenden Bau den Sächsischen Staatspreis für Architektur.

GALERIA KAUFHOF (oben rechts)

Neumarkt / Rathausstraße
Architekt: Helmut Jahn, Murphy / Jahn Architects
Bauzeit: 1999 – 2001

Passage zwischen dem Kaufhaus und dem angeschlossenen Parkhaus ➔ S. 72.

CINESTAR ROTER TURM (unten rechts)

Neumarkt 2

Blick vom Foyer des Kinos in der Galerie Roter Turm ➔ S. 79 auf die Stadthalle mit dem angeschlossenen Hotel.

88 | 89

SCHLOSSBERGMUSEUM

Schlossberg 12

Die ältesten Spuren der Stadt Chemnitz finden sich auf dem heutigen Schlossberg, wo um 1135 ein Benediktinerkloster gegründet wurde. Zu den ältesten

Bauteilen gehören die Südapsis der Schlosskirche (um 1150) und der Ostflügel der Klosteranlage (um 1275). Nach der Säkularisierung des Klosters im Zuge der Reformation 1540/41 ließ Kurfürst Moritz von Sachsen hier seine Sommerresidenz einrichten. Nach den Zerstörungen im Dreißigjährigen Krieg verfielen einzelne Flügel des Kreuzganges und wurden später abgetragen.
1931 stellte die Stadt die alten Schlossanlagen nach einigen Umbauten dem 1872 gegründeten »Verein für Geschichte« als Museum zur Verfügung. Ab 1979 wurde das Museum umfassend restauriert, der Westflügel nach Plänen von Walter Köckeritz aus Dresden neu errichtet. Seit der Wiedereröffnung 1994 wird in dem alten Renaissancesaal und dem Ostflügel mit dem spätgotischen Maßwerkgiebel die Geschichte des Klosters und Schlosses sowie der Stadt Chemnitz von ihren Anfängen bis zur Gegenwart in einer Dauerausstellung gezeigt. Zusätzlich finden hier auch verschiedene Wechselausstellungen statt.

AM SCHLOSSTEICH

---

90 | 91

JUGEND IN CHEMNITZ

---

92 | 93

NACHTLEBEN

VOXXX (unten links)

Horst-Menzel-Straße 24

Das VOXXX ist nach 1990 durch Selbstinitiative entstanden und durch seine vielfältigen kulturellen Aktivitäten weit über die Stadtgrenzen hinaus bekannt. Sitz des VOXXX sind die alten Anlagen der ehemaligen Schlossbrauerei von 1876, die bis 1924 von der Altendorfer Societätsbrauerei genutzt wurden. Die denkmalgeschützten Bauten erfahren nun eine neue, zeitgemäße Nutzung. Hier befinden sich Werkstätten und Ateliers, hier werden Ausstellungen gezeigt und Performances aufgeführt. Biergarten, Cocktailbar und Kino dienen ebenso als Anziehungspunkte wie die zahlreichen Konzerte und Tanzveranstaltungen.

---

94 | 95

VOXXX → S. 92

CAFÉ MOSKAU

Straße der Nationen 56
Architekt: Horst Neubert
Bauzeit: 1960 – 1962

Das Café Moskau befindet sich im Obergeschoss eines einstigen Tanzcafés, das zum ehemaligen Hotel Moskau (heute: Hotel Europa) gehörte. Das siebengeschossige Hotel war 1962 als erstes Gebäude an der Straße der Nationen errichtet worden und nahm als vierte Wand des Theaterplatzes eine städtebauliche Aufgabe wahr. Das Café war als zweigeschossiger Trakt an das Hotel angefügt, heute nimmt es eine Cocktailbar und ein Restaurant auf. Der spröde Charme des Gebäudes zieht besonders junges Publikum an.

ATOMINO

Schlossstraße 7 / Theunertstraße

Der Club Atomino zählt zu den bekanntesten Szenelokalen der Stadt. Er befindet sich im Keller eines kleinen Fabrikgebäudes von 1911, das von den einst zahlreichen Produktionsstätten am Ufer der Chemnitz hier verblieb. An die ehemalige Nutzung wird durch teils vorgefundene, teils improvisierte technische Details der Inneneinrichtung erinnert. Lichteffekte verändern die Raumatmosphäre. Der Name »Atomino« stammt von einer italienischen Comicfigur der frühen sechziger Jahre, die in der DDR durch die Jugendzeitschrift »FRÖSI« große Verbreitung fand.

---

96 | 97

KOSMONAUTENZENTRUM

Küchwaldring

Das Kosmonautenzentrum wurde im Küchwaldpark im Stadtteil Schloss-Chemnitz anlässlich des 5. Pioniertreffens 1964 eröffnet. In der Bildungs- und Freizeitstätte sollten den jugendlichen Besuchern Raumfahrt und Weltraumforschung nahe gebracht werden. Blickpunkte des Zentrums sind eine große nachgebaute Rakete sowie die kleine Metallplastik am Eingang, die die friedliche Eroberung des Weltraums symbolisieren soll. 1979 wurde das Zentrum nach dem ersten Deutschen im Weltall, Sigmund Jähn, benannt, der sich im Sommer 1978 eine Woche lang in der russischen Raumstation Salut 6 aufhielt. Jähn wurde überall, auch bei seinem ersten Besuch in Chemnitz 1980, als Volksheld gefeiert. Er verkörperte wie kein anderer die Technikbegeisterung und den Fortschrittsglauben in der DDR. Heute arbeitet das Kosmonautenzentrum unter der Trägerschaft des »Solaris-Förderzentrums«.

NACHTGESTALT

---

98 | 99

SCHLOSSKIRCHE

Schlossberg 12

Nach der 1136 erfolgten Gründung eines Benediktinerklosters wurde ab etwa 1150 mit dem Bau der Klosterkirche begonnen. Mehrfachen Um- und Ausbauten folgte die Umgestaltung Ende 15./Anfang des 16. Jahrhunderts zur spätgotischen Hallenkirche. Dazu zählte neben dem schönen Sterngewölbe auch die Ausbildung der Nordseite als Hauptseite, die 1525 ein großes Portal erhielt. Dieses wurde unter der Verwendung von Skulpturen von Hans Witten von Franz Maidburg aus Annaberg geschaffen. Nach unterschiedlichen Nutzungen und mehreren Zerstörungen im Laufe der Jahrhunderte wurde die Kirche nach dem Zweiten Weltkrieg in einfachen Formen wieder errichtet.

GEISSELSÄULE

Die Geißelsäule von dem bedeutenden Bildhauer Hans Witten zählt zu den Meisterwerken spätgotischer Plastik in Obersachsen. Die 3,60 Meter große, sehr bewegte Figurengruppe wurde um 1515 aus einem Baumstamm geschnitzt und ist in kraftvolle Farben gefasst. Dargestellt ist der gefesselte Jesus Christus, der von drei Henkern gegeißelt wird. Ein vierter zu seinen Füßen ist dabei, die Dornenkrone zu binden. Die Säule stammt aus dem benachbarten Kloster, dem heutigen Schlossbergmuseum → S. 88, und hat jetzt ihren Platz im nördlichen Querschiff der Schlosskirche von 1525.

---

100 | 101

KUNSTSAMMLUNGEN CHEMNITZ

Theaterplatz 1
Architekt: Richard Möbius
Bauzeit: 1906 – 1909

Das Kunstmuseum nimmt die südliche Seite des Theaterplatzes ein. Möbius schuf einen lang gestreckten Bau mit zusammengefasstem Sockel- und Erdgeschoss, zwei Hauptgeschossen und einem von Oberlichtern durchbrochenen Dach. An den erhöhten Mittelbau schließt sich zur Rechten und zur Linken jeweils ein Flügel an, der durch einen Risalit betont wird. Während die Flügel nur durch die Fensterachsen gegliedert sind, zeigen sich die neobarocken, schon vom Jugendstil beeinflussten Schmuckelemente am Mittelbau und den beiden Risaliten. Die Stuttgarter Architekten Behnisch und Staib entwarfen den gläsernen Fahrstuhl.
Die angesehene Sammlung des Museums umfasst etwa 55 000 Objekte aus verschiedenen Jahrhunderten mit den Schwerpunkten Malerei, Plastik, Grafik und Kunstgewerbe. Mit fast 300 Werken von Schmidt-Rottluff gehört eine der weltweit umfangreichsten Sammlungen des Künstlers dazu. Munch und Beckmann sind mit Gemälden und grafischen Werken vertreten. Weitere hervorragende Beispiele expressionistischer Kunst gibt es von Lehmbruck, Heckel u. a. Das 19. Jahrhundert ist mit Friedrich, Carus, Oehme, Dahl und von Rayski eindrucksvoll repräsentiert. Darüber hinaus gehören Werke von Slevogt, Corinth, Liebermann u. a. dazu. Das Museum besitzt die außerhalb Frankreichs größte Daumier-Lithografie-Sammlung, das vollständige grafische Werk von Wolfgang Mattheuer und den Gesamtnachlass von Carlfriedrich Claus. Die Skulpturensammlung umfasst exquisite Stücke von Degas, Maillol, Minne, Stuck, Kolbe, Scheibe, Gaul u. a. Zuletzt kamen Werke von Anthony Cragg und eine Monumentalskulptur von Georg Baselitz dazu. Das Kunstgewerbe zeigt neben koptischen Stoffen eine der bedeutendsten europäischen Textilsammlungen, etwa 6000 Damenstrümpfe aus den Jahren 1894 bis 1910, eine umfangreiche Plakat- und Tapetensammlung sowie Werke von Henry van de Velde. Das Museum wurde 2001 in das Blaubuch aufgenommen, welches 20 herausgehobene Kultureinrichtungen der neuen Bundesländer verzeichnet.

102 | 103

BERUFLICHES SCHULZENTRUM / AULA

→ S. 42

CLUBKINO SIEGMAR

Zwickauer Straße 425

Im südwestlichen Stadtteil Siegmar liegt das Clubkino, das seit 1996 von der Chemnitzer Filmwerkstatt getragen wird. Das Gebäude diente ursprünglich einer Puppenspielerfamilie als Theater und Wohnort, ehe es in den zwanziger Jahren zum Kino umgebaut wurde. 1937 kam der große Saal mit Parkett und Logen hinzu. 1982 erfolgte die Umbenennung in »Clubkino« und der Umbau des Saales, der heute mit modernster Technik ausgestattet ist. Das Kino wurde mehrfach für sein engagiertes Filmprogramm ausgezeichnet. Die Filmwerkstatt bietet auch Jugendlichen Angebote im Filmbereich und breite technische Unterstützung bei verschiedenen Filmprojekten.

---

104 | 105

LUTHERKIRCHE / ALTARBILD

Zschopauer Straße/Gutenbergstraße
Architekt: Otto Kuhlmann
Bauzeit: 1905 – 1906

Der Dresdner Maler Osmar Schindler fertigte für die mächtige Lutherkirche 1908 das große Altarbild.
Der Bau, nach den Plänen des Berliner Architekten Otto Kuhlmann 1905 bis 1906 errichtet, bildete das religiöse Zentrum des Lutherviertels. Das im Jugendstil gemalte Bild mit dem Titel »Ich bin der Heiland für alle, kommet her zu mir« zeigt den predigenden Jesus Christus im weißen Gewand, dem verschiedene Personen lauschen. Sie sind bewusst als einfache Menschen wiedergegeben, denen die Kirche in schweren Situationen Beistand leistet. Das Bildprogramm wendete sich so auch an die ärmere Bevölkerung dieses Stadtteils.

PETRIKIRCHE

Theaterplatz
Architekt: Hans Enger
Bauzeit: 1885 – 1888
Sanierung: Rolf Zimmermann 1992 – ca. 2004

Die Kirche St. Petri – nach einem Wettbewerb 1883 von dem Leipziger Architekten Hans Enger errichtet – war das erste Gebäude am Theaterplatz. Schon 1888 konnte die Kirche geweiht werden. Sie ist im neogotischen Stil errichtet, der für die Gründerzeit typisch war und Ausdruck eines nationalen Stils sein sollte. Charakteristisch sind die schlanken Türme, die Rosettenfenster an den Seiten und spitzbögigen Fenster im Chor. Die Bomben des Zweiten Weltkrieges haben nur die Glasfenster vollständig zerstört. Seit 1979 wird die Kirche schrittweise saniert. Am Bildrand ist der »Steinerne Wald« zu erkennen.

106 | 107

SACHSENRING

Seit 1996 wird auf dem traditionsreichen Sachsenring in Hohenstein-Ernstthal bei Chemnitz wieder Motorsport betrieben. Ein Jahr zuvor war auf Initiative verschiedener Gesellschafter eine Kombination aus modernem Fahrtrainingszentrum und einer neuen Rennstrecke entstanden. So können seitdem wieder Weltmeisterschaften und Rennen der Deutschen Tourenwagen Masters DTM ausgetragen werden. Das Trainingszentrum steht allen Interessierten ganzjährig zur Verfügung. 1927 wurden hier erstmals Motorradrennen ausgetragen, seit 1937 trägt die Naturstrecke den Namen Sachsenring. Bereits 1949 fanden wieder die ersten Rennen nach dem Krieg statt. Seit 1973 war der Teilnehmerkreis auf Angehörige des Warschauer Paktes beschränkt.

LAPIDARIUM

Schlossberg 12
Architekt: Walter Köckeritz
Bauzeit: 1994 – 1995

In unmittelbarer Nähe zur Schlosskirche liegt das Lapidarium. In dem schmalen, eingeschossigen Pavillon aus Stahl und Glas werden Skulpturen und architektonische Bauteile des 16. bis 18. Jahrhunderts gezeigt, die einst Gebäude, Plätze und Friedhöfe der Stadt schmückten. Die Sammlung von Steinplastiken, abgeleitet vom lateinischen »lapis« – der Stein, stammt aus dem Bestand des Schlossbergmuseums. Diese Relikte aus der Renaissance- und Barockzeit zeugen von dem Reichtum der Stadt, lange bevor sie zum »sächsischen Manchester« wurde. Durch die Beleuchtung sind die plastischen Werke auch nachts zu betrachten.

CHEMNITZER MORGENPOST

Straße der Nationen 12
Architekt: Roland Kluge, Günter Hauptmann
Bauzeit: 1966 – 1968

Das Gebäude, in dem sich heute die Redaktion der seit 1990 existierenden Tageszeitung »Chemnitzer Morgenpost« befindet, wurde 1968 von den Architekten Kluge und Hauptmann als Industriezentrum errichtet. Es fasste die Verwaltung verschiedener Chemnitzer Industriebetriebe zusammen und bildete die östliche Begrenzung des geplanten zentralen Platzes. Der neungeschossige Bau wurde in moderner Skelettbauweise konstruiert und ist durch die Fensterbänder und umlaufenden Brüstungen aus Aluminium horizontal gegliedert. An den Schmalseiten sind sie als Balkone ausgebildet. Ähnlich wie am benachbarten ehemaligen Haus der Partei ist die Mitte des Gebäudes leicht zurückgesetzt und mit Betonteilen versehen. Das Gebäude soll demnächst durch das bekannte Dresdner Architekturbüro nps umgestaltet werden.

108 | 109

SCHILLINGSCHE FIGUR / SCHLOSSTEICHANLAGE

Hartmannstraße / Bergstraße / Schlossteichstraße
Architekt: Fred Otto
Bauzeit: 1935 – 1938

Ursprünglich befanden sich an der Stelle der Schlossteichanlage die Fabriken der Hartmannwerke, die nach dem Bankrott im Zuge der Weltwirtschaftskrise abgetragen wurden. Nachdem das Gelände aufgeschüttet worden war, konnte mit dem Bau einer weiträumigen Grünanlage mit Springbrunnen und Kolonnaden begonnen werden.
Hier fanden die Sandsteinfiguren des bekannten sächsischen Bildhauers Johannes Schilling Aufstellung, die zwischen 1866 und 1871 gefertigt wurden. Ursprünglich schmückten sie die Treppenanlage der Brühlschen Terrasse in Dresden. Nachdem diese 1908 durch Bronzen ersetzt wurden, gelangten die Figuren nach Chemnitz und zierten zunächst den Platz vor der Petrikirche am Theaterplatz, bis sie 1928 dem Neubau des Hotels Chemnitzer Hof weichen mussten. Dargestellt sind die Allegorien der vier Tageszeiten: »Der Morgen, mit dem Erwachen und dem Morgentau«, »Der Tag, mit Arbeit und Streben« (Abb.), »Der Abend, mit Musik und Tanze« und »Die Nacht, mit Schlaf und Träumen«.

CHEMNITZ-ARENA

Messeplatz 1 / Neefestraße
Architekt: Planungsbüro Deyle (Entwurf), Obermeyer Bauplan Plauen (Ausführung)
Bauzeit: 2001 – 2002

Auf dem historischen Gelände der ehemals bedeutenden Wanderer-Werke entstand ein neues Messe- und Veranstaltungszentrum. Das Stammgelände mit den Bauten von Erich Basarke und Wilhelm Kreis an der Zwickauer Straße war in den fünfziger und siebziger Jahren an der Neefestraße um neue Produktionshallen erweitert worden. Eine der denkmalgeschützten Hallen wurde aufwendig zu einer multifunktionalen Halle für Messe-, Sport- und Musikveranstaltungen umgebaut. Nach dem Entwurf des Stuttgarter Büros Deyle wurde das Mittelteil der dreischiffigen Halle mit einem neuen Tragwerk versehen, sodass ein weiter, stützenfreier Raum entstand. Die Halle fasst zwischen 6000 und 13000 Besucher und wurde mit Box-Europameisterschaftskämpfen am 1. Februar 2003 eingeweiht. Die vor der Halle stehenden Türme, in denen einst die Testläufe der hier hergestellten Flugzeugmotoren durchgeführt wurden, sind in die Außenplanung einbezogen worden.

110 | 111

SPLASH MUSIKFESTIVAL

Oberfrohnaer Straße

Splash ist das größte Hip-Hop Musikfestival in Europa und hat allein im Sommer 2002 fast 30000 Besucher nach Chemnitz gezogen. Es geht auf eine Initiative aus der Chemnitzer Jugend- und Musikszene zurück. 1998 fand Splash zum ersten Mal – noch in kleinem Rahmen – im Chemnitzer

Heizkraftwerk statt; seit 1999 hat es – auch andere Großveranstaltungen – den Stausee Oberrabenstein im Westen von Chemnitz als Aufführungsort gewählt. Mittlerweile wird ein umfangreiches mehrtägiges Programm angeboten, das aus Hip-Hop, Reggae, Drum & Bass-Konzerten sowie Breakdance, Graffiti und Skateboard-Events besteht. Das Areal um den See wurde bereits 1976 als Naherholungsgebiet eröffnet.

112 I 113

OMNIBUSBAHNHOF

Straße der Nationen / Georgstraße
Architekt: Johannes Meyer
Bauzeit: 1967 – 1968
Umbau: 1999

An der Straße der Nationen, unmittelbar im Stadtzentrum und in Nähe zum Bahnhof, liegt der Busbahnhof. Er war durch den zunehmenden regionalen Reiseverkehr notwendig geworden.
Für den Bau stellte die Stadt den nördlichen Teil des Schillerparks zur Verfügung. Der Chemnitzer Architekt Meyer entwarf eine einfache, technisch überzeugende Anlage im Stil der sechziger Jahre, die sich aus der zentralen Wartehalle, den Ankunfts- und Abfahrtsbereichen sowie einem Reparaturhof zusammensetzt. Leichte und offene Konstruktionen gewährleisten eine schnelle Übersichtlichkeit. Parallel zur Straße der Nationen ragen acht Betonpylone in den Himmel, über die Stahlseile gespannt sind, die das frei schwebende Wartehallendach tragen. 1999 wurde die Anlage modernisiert, wobei die zehn Abfahrtsgleise mit flachen Dächern aus einer Stahl- und Glaskonstruktion neu überdacht wurden.

114 I 115

MARKTHALLE AN DER CHEMNITZ

An der Markthalle 1
Architekt: Eduard Hechler 1890 – 1891
Restaurierung / Umbau: Peter Waldvogel 1994 – 1995

Der Stadtarchitekt Eduard Hechler, der seit 1880 als erster die neu geschaffene Funktion des Stadtbaurates innehatte, errichtete direkt an der Chemnitz die neue Markthalle. So konnte wetterunabhängig und ganzjährig Handel getrieben werden. Eine Konstruktion aus schlanken Eisensäulen teilt die lang gestreckte Halle in ein Mittel- und zwei Seitenschiffe.
Das erhöhte Mittelschiff, das durch ein umlaufendes Oberlicht beleuchtet wird, kreuzt sich mit einem Querschiff in der Mitte, die durch eine hohe Kuppel bekrönt wird. Die Außenfassaden des eindrucksvollen Gebäudes sind mit Backstein verkleidet. Nach der Restaurierung durch Peter Waldvogel beherbergt die Halle rund 150 Verkaufsstände. Im Keller sorgen zwei Kabaretts für Unterhaltung.

116 I 117

MAJOLIKAHAUS

Barbarossastraße 48 – 52
Architekt: Reinhold Sieber
Bauzeit: 1897 – 1898

Das Wohnhaus, im Kaßberg-Viertel errichtet, zeichnet sich durch seine üppige Verwendung von farbigem Majolikaschmuck an der Fassade aus.
Der Name Majolika leitet sich von der spanischen Insel Mallorca als ursprünglichem Hauptproduktionsort ab und wurde später auf die gesamte Keramik der italienischen Renaissance übertragen. Eher ungewöhnlich ist dieser Schmuck an einem Haus, das mit mehreren Wohnungen über vier Geschosse dem Typus eines Mietshauses entspricht. Jeweils zwei Fensterachsen werden mit Bögen umrahmt, an den Brüstungen sind Reliefs und Porträts angebracht, Karyatiden tragen das Dachgebälk.

THEODOR-LESSING-STRASSE

im Kaßberg-Viertel, ➔ S. 34

118 I 119

TRAINERIN

HUMBOLDTSTRASSE

Die Humboldtstraße im östlich des Hauptbahnhofes liegenden Stadtteil Sonnenberg zeigt die für Chemnitz typischen Mietshäuser der Gründerzeit nach 1870. Durch die schnelle Bevölkerungszunahme wurden zahlreiche Wohnbauten häufig von Bauunternehmern selbst in einfacher, schematisierter Bauweise errichtet. Die Blockrandbebauung besteht aus viergeschossigen Wohnhäusern, viele haben eine Backsteinfassade, andere sind verputzt. Nach den Modernisierungen bieten sie heute einen attraktiven Wohnraum.

120

EISSPORTHALLE

Wittgensdorfer Straße 2a / Leipziger Straße

1958 wurde am Küchwaldpark eine Kunsteisbahn eingeweiht, die seit 1965 mit einer stählernen Sheddachkonstruktion überwölbt ist. Seit 1973 ergänzte eine Eisschnelllaufbahn die Anlage, die so zu einem der wichtigsten Trainingszentren des Eiskunstlaufsports in der DDR wurde. Die Halle ist 1995 grundlegend saniert worden und steht auch dem Breitensport zur Verfügung. Chemnitz galt bereits in den zwanziger Jahren als Sportstadt. Bis heute werden hier viele Spitzensportler in Leistungszentren gefördert, wie die zahlreichen Medaillengewinner bei Olympischen Spielen, Welt- und Europameisterschaften zeigen. Seit den frühen fünfziger Jahren zählen besonders die Eiskunstläufer und Eiskunstläuferinnen, Stars wie Gabi Seyfert, Jan Hoffmann, Anett Pötzsch und natürlich Katharina Witt, zur Weltspitze.

AUTOREN UND FOTOGRAFEN

MICHAEL HIERHOLZER
geboren 1955 in Heidelberg, ist Leiter der Rhein-Main-Kulturredaktion der Frankfurter Allgemeinen Zeitung. Er absolvierte die Universität Heidelberg und die Deutsche Journalistenschule in München, hat u. a. Publikationen über Tucholsky, den Realismus in der Malerei sowie das Museum für Moderne Kunst in Frankfurt am Main vorgelegt.

TIMM RAUTERT
geboren 1941 in Tuchel, studierte Fotografie bei Otto Steinert an der Folkwangschule für Gestaltung in Essen. Seit 1993 ist er Professor für Fotografie an der Hochschule für Grafik und Buchkunst Leipzig. Er lebt und arbeitet in Essen und Leipzig.

ROLAND ENKE
geboren 1961 in Berlin, ist Kunsthistoriker und freiberuflicher Publizist. Er arbeitete als langjähriger wissenschaftlicher Mitarbeiter bei den Berliner Festspielen, war Autor und Projektkoordinator bei »Berlin: offene Stadt – Die Stadt als Ausstellung« (1999/2000) und veröffentlichte zahlreiche Publikationen, Aufsätze und journalistische Beiträge zu Kunst-, Architektur- und Stadtgeschichte. Roland Enke lebt und arbeitet in Berlin.

LYSANN BUSCHBECK
wurde 1976 in Dresden geboren. Sie studiert seit 1999 Fotografie an der Hochschule für Grafik und Buchkunst Leipzig, seit 2001 in der Klasse von Prof. Timm Rautert. Sie beteiligte sich u.a. an den Ausstellungen »Reading Room« (San Francisco,USA, 2002) und »Mädel dreh dich« (Dresden, 2001). Seit 2002 ist sie Stipendiatin der »Heinrich-Böll-Stiftung«.
Lysann Buschbeck widmete sich in ihren Bildern der Stadtjugend und dem Nachtleben von Chemnitz.

ULRICH GEBERT
wurde 1976 in München geboren. Er begann 1998 das Fotografiestudium an der Hochschule für Grafik und Buchkunst Leipzig; seit 2000 ist er in der Klasse von Prof. Timm Rautert. 2001/02 absolvierte er ein Gastsemester an der Glasgow School of Art (UK). Neben der Einzelausstellung »Hellfeld« (Leipzig, 2002) beteiligte er sich an zahlreichen Gruppenausstellungen, u.a. »Silver & Gold« (Essen, 2003), »Be Creative« (Leipzig, 2002), »The King's In« (Glasgow, 2001), »Baltic Contemporary Art Biennial« (Stettin, Polen, 2001).
Ulrich Gebert fotografierte für das vorliegende Buch öffentliche Innenräume in Abwesenheit ihrer Nutzer und kombinierte dabei Räume öffentlicher Repräsentation mit Orten der Alltagskultur.

THOMAS GROTH
wurde 1967 in Leipzig geboren. Er absolvierte eine Ausbildung als Offsetdrucker und arbeitete in Leipzig und Mönchengladbach in einer Kunst- und Verlagsbuchdruckerei. Seit 1997 studiert er Fotografie an der Hochschule für Grafik und Buchkunst Leipzig, seit 1999 in der Klasse von Prof. Timm Rautert.
Thomas Groth fotografierte Häuser als eigenständige architektonische Akteure in der urbanen Kulisse von Chemnitz.

CARSTEN HUMME
wurde 1978 in Mainz geboren. Er studiert seit 1999 Fotografie an der Hochschule für Grafik und Buchkunst Leipzig, seit 2001 in der Klasse von Prof. Timm Rautert.
Seine Fotografien haben das Chemnitzer Stadt- und Kulturleben zum Thema.

PAUL KRAMER
wurde 1970 in Berlin geboren. Nach dem Abschluss eines Architekturstudiums an der Bauhaus-Universität Weimar begann er 1998 mit dem Studium der Fotografie an der Hochschule für Grafik und Buchkunst Leipzig und ist seit 2000 Mitglied der Klasse von Prof. Timm Rautert. Paul Kramers Arbeiten waren in der Ausstellung die »Stadt als Bühne« (Berlin, 2003/Chemnitz, 2002) zu sehen.
In seinen Beiträgen für dieses Buch konzentriert er sich auf Gebäude, die für die Chemnitzer Baugeschichte von großer Bedeutung sind.

MICHAEL MOSER
wurde 1973 in Saarlouis geboren. Er studierte von 1996 bis 1999 Fotografie am Surrey Institute of Art & Design in Farnham (UK). Im gleichen Jahr zog er nach Leipzig und studiert dort seit 2000 in der Klasse von Prof. Timm Rautert an der Hochschule für Grafik und Buchkunst. Er beteiligte

sich an den Ausstellungen »Silver & Gold« (Essen, 2003), »interface« (Leipzig, 2000) und »incite« (London, 1999). Michael Mosers fotografisches Augenmerk galt der Darstellung moderner Industrieanlagen sowie der Inszenierung der nächtlichen Stadt.

ADRIAN SAUER

wurde 1976 in Berlin geboren. Seit 1997 studiert er Fotografie an der Hochschule für Grafik und Buchkunst Leipzig, seit 1999 in der Klasse von Prof. Timm Rautert. Seine Arbeiten waren in den Ausstellungen »Silver & Gold« (Essen, 2003), »Sag Ja!« (Berlin, 2001) und »Interface« (Leipzig, 2000) zu sehen.
Adrian Sauer fotografierte für dieses Buch Jugendstilarchitektur – vor allem auf dem Kaßberg – und Menschen, die in diesem Viertel leben oder in besonderer Weise mit ihm verbunden sind.

ALEXANDER SCHMIDT

wurde 1974 in Hoyerswerda geboren. Er studiert seit 1997 Fotografie an der Hochschule für Grafik und Buchkunst Leipzig, seit 1999 in der Klasse von Prof. Timm Rautert. Seine Arbeiten waren u.a. in den Ausstellungen »Kunstförderpreis der Stadtwerke Halle und Leipzig« (Halle, 2002), »5. Aenne-Biermann-Preis für deutsche Gegenwartsfotografie« (Gera, 2001), »fermente 2« (Leipzig, 2001) und »Hüttendorf« (Leipzig, 2000) zu sehen.
In seinen panoramaartigen Bildern greift er verschiedene Orte der Chemnitzer Innenstadt aus ihrem urbanen Gefüge heraus und thematisiert deren tägliche Nutzung.

MIRKO ZANDER

wurde 1971 in Berlin geboren. Nach dem Abschluss des Studiums für Kommunikationsdesign an der FHTW Berlin setzte er seine fotografische Ausbildung in der Klasse von Prof. Timm Rautert an der Hochschule für Grafik und Buchkunst Leipzig im Jahr 2000 fort. Er beteiligte sich an den Ausstellungen »Digital Diphtongue« (Arles, 2002), »FRONTALE« (Berlin, 2000), »VNG« (Leipzig, 1999), »Cumulus« (Berlin, 1999) und »Nain porte quoi« (Bordeaux, 1995).
Seine Bilder im vorliegenden Buch zeigen Innenräume ehemaliger Chemnitzer Industriestandorte und deren aktuelle sowie zukünftige Nutzung.

BILDNACHWEIS

LYSANN BUSCHBECK 24 (beide unten), 41, 65, 68, 69 (oben, unten rechts), 90, 91, 93 (unten), 94, 97, 118, 120
ULI GEBERT 26, 48 – 53, 58, 59, 82, 83, 85, 87 (unten), 92 (unten), 95, 100, 103
THOMAS GROTH 42 (oben rechts, unten Mitte, unten links), 43, 45, 54, 84, 86
CARSTEN HUMME 24 (oben), 25, 57, 62 (unten), 66, 67, 69 (unten links), 88 (rechts), 92 (oben), 93 (oben)
PAUL KRAMER 18, 19, 20, 38 – 40, 42 (oben links, unten rechts), 46, 63 (unten), 87 (oben), 88 (links), 102, 105
MICHAEL MOSER 55, 56, 60 (oben), 62 (oben links), 63 (oben), 96, 98, 99, 101, 104, 106 – 113
TIMM RAUTERT Titel
ADRIAN SAUER 17, 28 – 37, 44, 47, 114 – 117, 119
ALEXANDER SCHMIDT 22, 23, 70 – 81
MIRCO ZANDER 60 (unten), 61, 62 (oben rechts)

DANK

Wir möchten allen Personen herzlich danken, die wir fotografieren durften. Wir danken außerdem allen Personen, Institutionen und Einrichtungen der Stadt Chemnitz, die uns bereitwillig bei unserer Arbeit unterstützt haben. Unser besonderer Dank gilt Martin Antonow, Wolf-Jürgen Grabner, Karin Hartung, Carmen-Silva Hueber, Jens Kassner, Margit Mothes, Thomas Morgenstern, Burkhard Müller, Lars Neuenfeld, Liane Sachs, Katja Schlund und Claudia Wasner.